Caspar Hoensbroech, 1990 in Aachen geboren, lebt und studiert zur Zeit in Barcelona. Seit einer Motorradreise durch Südamerika im Jahr 2013 ist er begeisterter Motorradfahrer.

Jacob Hoensbroech, ebenfalls 1990 in Aachen geboren, lebt und arbeitet zur Zeit in München. Fehlende Erfahrung auf dem Motorrad macht er durch Reisebegeisterung wett.

Caspar & Jacob Hoensbroech

two weary travelers
Köln – Teheran – St. Petersburg

Reisebericht

1. Auflage März 2016
Herstellung und Verlag:
BoD – Books on Demand, Norderstedt
© 2016 Caspar & Jacob Hoensbroech
ISBN: 978-3-8370-8904-2

„On the one hand, travelling the world is amazing but, on the other, it is also sometimes exhausting, risky and requires a lot of endurance. However, what you get back is simply priceless."

BMW Motorrad, 11.08.2015

Prolog

two weary travelers ist die Geschichte zweier Brüder und ihrer Reise durch den Osten. Eine Geschichte voller Abenteuerlust, Ehrgeiz und Ausdauer hinaus über die eigenen Grenzen. Auf zwei Motorrädern schlagen wir, Caspar und Jacob, uns drei Monate durch den Balkan, den Mittleren Osten, Zentralasien, Osteuropa und das Baltikum. Etliche Länder und tausende Kilometer entlang von Küsten, durch Berge und durch Wüsten. In diesem Buch berichten wir Euch von den Erlebnissen und Geschehnissen dieser Reise.

Die Idee einer gemeinsamen Motorradreise stand schon lange im Raum. Rückblickend wurde der Grundstein wohl 2013 gelegt, als sich Caspar mit einer 125er Honda auf die Spuren Che Guevaras durch Südamerika begab. Die Erfahrungen der damals eher kurzfristig und semiprofessionell geplanten Reise sollten ihn nicht mehr loslassen und Anlass zu so mancher Tagträumerei geben. Kein anderes Transportmittel lässt einen tiefer in die Landschaft eintauchen, stärker mit Einheimischen in Kontakt treten und intensiver Wind und Wetter spüren als das Motorrad. Es gab nie eine wirkliche Alternative für uns.

Irgendwann um das Oktoberfest 2014 herum, wir arbeiteten zu der Zeit beide in München, sollte sich diese Idee konkretisieren. Bierselig schmiedeten wir die abenteuerlichsten Pläne auf den verwegensten Routen. Je konkreter unsere Überlegungen wurden, desto deutlicher zeichnete sich ab, dass der Sommer 2015 vorerst die letzte Möglichkeit sein würde, unser Vorhaben zu realisieren. Freilich nahmen uns zu diesem Zeitpunkt nur die wenigsten ernst. Nüchtern betrachtet wären wir damals bei einem tatsächlichen Start im Sommer 2015 mit Planung und Organisation schon in Verzug gewesen. Ganz zu schweigen davon, dass wir weder Führerscheine noch Motorräder besaßen. Doch mit großer Entschlossenheit hielten wir an dieser Idee fest.

Es wird ernst

Ende 2014 verlässt Jacob München und widmet sich in Maastricht seiner Masterthese. Caspar verlängert seinen Aufenthalt in München und bewirbt sich parallel für Plätze in einem Masterstudiengang. Die Reisevorbereitungen haben begonnen, machen jedoch in dieser Zeit nur kleine Fortschritte. Wir konzentrieren uns hauptsächlich auf die Planung der Route, die mit dem Iran ihr Hauptziel gefunden hat, und auf die Zusammentragung von Informationen über die damit einhergehenden Länder und Visa. Im Frühjahr haben wir alle Verpflichtungen hinter uns gelassen und können uns nun vollends auf die Reisevorbereitungen konzentrieren. Es folgen sechs intensive Wochen, in denen die Besuche und Anrufe bei Fahrschule, Konsulate, Händler, Ausrüster, Versicherung und Zulassungsstelle zu einem Vollzeitjob werden.

Geplanter Start der Reise ist der 29. Mai. Langsam wird es Zeit, die einzelnen Stränge der Organisation zusammenzuführen. Trotz der ausgiebigen Vorarbeit haben wir noch keine konkreten Ergebnisse in der Hand. Jacob besteht seinen Führerschein auf Anhieb, Caspar jedoch scheitert zunächst an der Theorie und ist für zwei Wochen gesperrt. Zum ersten Mal werden wir uns des immensen Zeitdrucks bewusst, unter dem wir stehen. Die Visadokumente sind alle abgegeben, jedoch bleibt fraglich ob wir unsere Pässe rechtzeitig wiederbekommen. Erst wenige Tage vor Abreise können wir unsere Motorräder beim Händler abholen. Caspar besteht an diesem Tag seine Theorieprüfung und so findet die Überführung noch auf dem Anhänger statt. Inzwischen sind auch alle Pakete von BMW und Wunderlich eingetroffen. Die beträchtliche Anhäufung von Ausrüstung, Ersatzteilen und Werkzeugen lässt unser zu Hause wie das Base Camp eines Achttausenders aussehen. Zwei Tage schrauben wir an den Motorrädern, bringen Sturzbügel an und bauen Gepäckträgersysteme. Dann besteht auch Caspar seinen Führerschein. Es ist höchste Zeit, denn morgen ist der 29. Mai. Bis tief in die Nacht packen wir unsere Taschen und beladen die Maschinen. Es braucht mehrere Anläufe, bis Zeltausrüstung, Ersatzteile und Geländereifen optimal verstaut und verschnürt sind.

Jungfernfahrt

29. Mai 2015 – In aller Frühe reißt uns der Wecker aus einem unruhigen Schlaf, Aufregung und Vorfreude sind riesig. Schnell bringen wir die letzten Spanngurte an und fahren ungesehen los, denn um uns herum liegt noch alles in tiefem Schlaf. Ziel ist der Bodensee, wo wir die Hochzeit einer Cousine feiern. Die Fahrt von 600 Kilometer Autobahn ist unspektakulär, gibt uns allerdings ein erstes gutes Gefühl für die schwer bepackten Motorräder. Da dies tatsächlich auch unsere ersten Kilometer auf den Maschinen sind, müssen wir uns gleich im vollbeladenen Zustand an diese herantasten. Jede Tankstelle und jeder Stopp wird zunächst zur wackeligen Angelegenheit. Bordfunk, Navigation und GPS-Tracker funktionieren gut, die Maschinen schaukeln sanft dem Horizont entgegen. Auf der Höhe von Stuttgart geraten wir in einen Regenschauer, doch die Anzüge halten dicht. Sichtlich angestrengt von der ersten großen Etappe kommen wir am frühen Nachmittag an und werden bereits freudig erwartet. Der Großteil der Familie ist schon seit Tagen mit den Hochzeitsvorbereitungen beschäftigt.

Die Hochzeit wird ausgiebig gefeiert und wir genießen es sehr, die Familie noch einmal so intensiv zu erleben. Da wir in der Vorbereitung der Hochzeit eher durch Abwesenheit geglänzt haben, bleiben wir noch ein paar Tage um beim Abbauen und Aufräumen zu helfen. Dann ist es an der Zeit mit einem letzten Abendessen Abschied zu nehmen. Am nächsten Morgen fahren wir ein letztes Mal zum

Motorradhändler, um von dort aus mit frischen Reifen und den letzten bestellten Ersatzteilen nach Iffezheim zu fahren. Dort übernachten wir bei Tina und unserem Onkel Hänschen. Auch Tina kocht uns ein herrliches Abschiedsessen, Hänschen wird uns die ersten Tage der Reise begleiten.

4. Juni 2015 – Am nächsten Morgen starten wir drei pünktlich um 07:30 Uhr. Als die nebeneinander stehenden Motorräder von links nach rechts starten, die Motoren aufheulen und einer nach dem anderen losfährt, fühlen wir uns schon jetzt wie die verwegensten Helden auf diesen Straßen. Das Tagesziel der ersten Etappe liegt bei Salzburg. Dicht beieinander schlängeln sich die drei Motorräder bei perfektem Wetter über leere Straßen hoch in den Schwarzwald. Fern von der Autobahn geht es weiter in Richtung Süden. Das Thermometer klettert auf über 30°C Grad und die Trinkpausen häufen sich. Endlich kommt Salzburg in Sicht. Nach insgesamt neun Stunden auf der Straße erreichen wir ziemlich geplättet das Tagesziel. Große Freude über den Empfang in Hasholzen bei Claudia und Georg! In dem Moment in dem wir die Maschinen abstellen, kippt Jacobs auch schon um. Es kommen uns erste Zweifel, ob wir die Maschinen nicht zu schwer beladen haben. Zumindest müssen wir gerade auf weichem Untergrund vorsichtiger sein. Der Tag endet mit einem gemütlichen und diesmal wirklich letztem Abschiedsessen.

Auf in den Balkan

5. Juni 2015 – Nach dem wunderbaren Farewell bei Claudia und Georg geht es am nächsten Morgen früh los. Schweren Herzens verabschieden wir uns, es war die letzte Übernachtung in vertrauter Umgebung und das Abenteuer beginnt gefühlt genau jetzt. Ziel der Tagesetappe ist Bled in Slowenien. Vom Salzburger Land aus schrauben wir uns über Obertauern auf die Turracher Höhe. Schnell steigt die Mittagshitze, doch oben weht ein kühler Wind. Die Kärntner Nockberge führen uns auf steilen Bergstraßen und engen Spitzkehren wieder herunter nach Villach. Hänschen, fest entschlossen uns das Alpenfahren beizubringen, fährt erbarmungslos vorweg und verlangt uns alles ab. Tatsächlich verbessert sich das Gefühl für die Maschinen enorm, die mit jeder Kurve tiefer gedrückt werden. Ein letztes Dorf vor der Grenze Sloweniens trägt passenderweise den Namen „Äußere Einöde". In Slowenien durchfahren wir den Nationalpark Triglav Narodni und drehen eine Schleife über Italien durch den Nationalpark Prealpi Giulie. Endlose Spitzkehren später erreichen wir müde und verschwitzt Bled, das an einem prachtvollen See liegt. Wir quartieren uns in einem gemütlichen Hotel ein und verbringen einen bierseligen Abend am See.

6. Juni 2015 – Am nächsten Morgen trennen sich leider unsere Wege, da Hänschen wieder den Weg nach Hause antritt, wo Kinder, Frau und der Ernst des Lebens auf ihn warten. Liebes Hännerle, die letzten 2 Tage mit Dir waren saulustig und wahnsinnig schön, vielen Dank für die Road Company bis hierhin! Wir

zwei bleiben zunächst etwas ratlos zurück und eine gewisse Unsicherheit macht sich bemerkbar. Bis hierhin hat Hänschen die Führung und Navigation unseres Dreiergespanns übernommen, nun sind wir auf uns allein gestellt. Mit einem seltsamen Gefühl lassen wir zwei den Tag ruhiger als sonst angehen und begeben uns mittags auf die Straße Richtung Kroatien. Unterwegs halten wir an der beeindruckenden Höhlenburg Predjama an. Hunderte Jahre Uneinnehmbarkeit finden hier ihr jähes Ende, als der Burgherr Erasmus von Luegg von seinen Belagerern mit einem Katapult auf dem Klo getroffen wird. Weiter geht es nach Postojna, wo wir uns die längste Tropfsteinhöhle Sloweniens anschauen. Mit dem Zug geht es kilometerweit in den Berg hinein, die Temperatur fällt auf angenehme 8°C Grad ab. Im Halbdunkel der karstigen Höhle leuchtet der sogenannte Brilliant, ein Stalagmit aus weißem Kalk und Wahrzeichen Postojnas. Nachmittags zieht es uns entlang kurviger Landstraßen über die Grenze Kroatiens an die Adriaküste. Das Meer zeichnet sich hinter einer letzten Hügelkette ab, von dort schlängelt sich der Weg herunter nach Rijeka. Euphorisch erreichen wir das Mittelmeer und glauben zu diesem Zeitpunkt schon einen bedeutenden Teil unserer Reise bestritten zu haben. In Rijeka finden wir ein Hostel, welches nicht sonderlich einladend ist, jedoch eine Garage für die Motorräder hat. Abends erkunden wir die Innenstadt. Das Zentrum ist deutlich schöner als die dem Meer zugewandte Seite, welche eher Industriecharme versprüht.

Entlang der Adria

7. Juni 2015 – Wir kommen erst gegen Mittag los und fahren entspannt entlang der Adria Richtung Zadar. Die Strecke verläuft kurvig, teils direkt am Wasser, teils auf Bergstraßen hoch über dem Meer. Im Schatten von Pinien- und Kiefernwäldern entfliehen wir der Hitze und die Kilometer vergehen wie im Flug. Bald liegt die Halbinsel Pag in Sichtweite, welche parallel zur Küste des Festlandes verläuft. Kurz vor Zadar schlagen wir einen kleinen Bogen nördlich auf die Halbinsel und halten an einem Campingplatz bei Razanac. Der Campingplatz liegt direkt an einem Kiesstrand, den Weg dorthin säumen deutsche und holländische Wohnmobile. Unter den argwöhnischen Blicken der alteingesessenen Campern rollen wir hindurch zu dem uns zugeteilten Platz. Wir bauen in Sichtweite des Wassers das Zelt auf und springen zum ersten Mal auf dieser Reise ins Mittelmeer! Es dauert nicht lange, bis die ersten Camper sich die Neuankömmlinge näher anschauen wollen. Ehe wir uns versehen, sitzen wir am Tisch eines deutschen Rentnerpaares und trinken Kaffee. So romantisch der Gedanke scheinen mag, ein Tag im Campingstuhl vor dem Wohnwagen sitzend kann sehr lange sein und so ist uns der Deal schnell klar – Verpflegung gegen Unterhaltung. Abends grillt der Chef persönlich für alle Gäste. So gut Fleisch und Würstchen sind, so teuer lässt er sie sich jedoch auch bezahlen. Eine weitere Lektion aus dem Leben des Campers – Zeltplätze verdienen nicht durch Stellplätze.

8. Juni 2015 – Früh morgens springen wir noch einmal ins Meer, ehe wir unser Zelt wieder abbauen. Der wachsame Camper hat längst seine Position bezogen und so gibt es auch zum Abschied noch einmal Kaffee. Kaum sind wir auf der Straße, kommt Zadar schon in Sichtweite. Wir drehen eine kleine Runde auf den Motorrädern durch die Innenstadt, halten für eine Cola und machen uns auf den Weg zum angedachten Tagesziel Split. Nach dem Mittagessen am Strand entscheiden wir uns jedoch, weiter nach Dubrovnik zu fahren. Split ist recht groß und laut, und so hoffen wir in Dubrovnik besser aufgehoben zu sein. Zuerst einmal müssen wir jedoch den Parkplatz verlassen, den wir über eine schmale und steile Rampe erreicht haben. Der Weg zurück erscheint uns schon aufgrund der rechtwinkligen Ecke auf halber Höhe unmöglich zu sein. Alternativ führt eine Treppe mit etwa 60 breiten Stufen hinunter zum Strand. Wir entscheiden uns natürlich für letztere Variante. Von der obersten Stufe aus blicken wir in die Tiefe, dann rollen wir los. Die Maschinen ächzen laut und gehen tief in die Gabeln. Sie schaukeln sich von Stufe zu Stufe auf, doch dann stabilisiert sich die Fahrt. Unter den ungläubigen Blicken der Beobachter erreichen wir den Strand. Ein Fußgängerweg führt uns durch einen Park wieder auf die Straße. Ab dort verläuft die Strecke ähnlich wie am Vortag stets an der Küste entlang. Wir durchkreuzen den Korridor von Bosnien Herzegowina und erreichen das Naturreservat Mali Ston, eine Bucht zwischen Festland und der Halbinsel Peljesac. Plötzlich verdunkelt sich der Himmel und ein Gewitter zieht auf. Wenige Kilometer vor Dubrovnik kommt es zu dem befürchteten Wolkenbruch und in

kürzester Zeit steht das Wasser auf den Straßen. Vorsichtig rollen wir die letzten Meter über die Franjo-Tudman-Brücke in die Stadt ein und checken in einem Hostel auf der Halbinsel Lapad ein.

9. Juni 2015 – Nach langem Ausschlafen erwartet uns ein großes Frühstück im Hostel. Zum ersten Mal auf dieser Reise machen wir einen Tag Pause. Wir lassen die Motorräder stehen und nehmen den Bus um die Altstadt Dubrovniks zu erkunden, welche 1979 von der Unesco zum Weltkulturerbe erklärt wurde. Die gesamte Altstadt ist eine befestigte Anlage, in der sich Mittelalter, Barock und Renaissance vereinen. Unterwegs sehen wir einige Hells Angels aus Polen und Finnland und machen uns einen Spaß daraus, sie von Biker zu Biker anzusprechen. Sie warnen uns vor den schlechten Straßen Montenegros und Albaniens und wünschen uns weiterhin viel Glück. Nach einem kurzen Sprung ins Meer fahren wir mit den anderen Touristen des Hostels auf den Berg Srd und schauen zu wie die Sonne über Dubrovnik untergeht. In der Dämmerung geht das Meer in den Himmel über und es scheint als würden die vielen Boote und Schiffe schweben. Am nächsten Tag soll es früh losgehen.

Hinter dem ehemaligen Jugoslawien

10. Juni 2013 – Aufgewacht in Dubrovnik wollen wir uns heute auf den Weg nach Montenegro machen. Tagesziel ist die Bucht von Kotor, welche entspannte 80 Kilometer südlich von Dubrovnik liegt. Um es nicht ganz so kurz zu halten, fahren wir erst ein Stück nördlich der Küste entlang nach Trsteno um dort den botanischen Garten anzuschauen, das einzige Arboretum der östlichen Adriaküste. Im Schatten der Lorbeerbäume, Platanen und Zedern spazieren wir also durch die geheimen Gärten von Kings Landing, eine Stadt der Fernsehserie Game of Thrones. Kotor liegt kurz hinter der Grenze Montenegros, an der erstmals unsere Fahrzeugpapiere und Versicherungen kontrolliert werden. Wir passieren problemlos. Zu den schwer beladenen Motorrädern, die man vereinzelt antrifft, mischen sich nun Schwärme von ebenso beladenen Vespas, welche wohl an einer Rallye teilnehmen. Es sind die ersten Rollerfahrer, die uns als Motorradfahrer grüßen – ein Indiz ihrer ebenso großen Abenteuerlust. Am frühen Nachmittag erreichen wir einen Zeltplatz, der zwischen einem kleinen See mit frischen 11°C Grad und dem Strand liegt. Auch hier stehen viele deutsche und holländische Wohnmobile. Unter den erstaunten Blicken der sonst so leidenschaftlichen Camper wagen wir uns als einzige in den See. Das Wasser steht uns bis zu den Knöcheln, da wird uns klar warum niemand außer uns baden geht. Doch unser Stolz zwingt uns vorwärts. Nach der Devise Augen zu und durch tauchen wir mit einem Hechtsprung in das eiskalte Wasser ein, um gleich darauf mit

Schnappatmung die heißen Duschen aufzusuchen. Zurück am Zelt fangen uns zwei deutsche Rentner ab. Mit der Erfahrung des letzten Campingplatzes im Rücken erzählen wir viel und ausführlich und so bekommen wir neben Kaffee auch noch Käsebrote. Das deutsche Vita at its best.

11. Juni 2015 – Am nächsten Morgen machen wir uns früh auf den Weg, da wir mit Montenegro nicht nur das ehemalige Jugoslawien, sondern auch Albanien hinter uns lassen wollen. Getrieben durch sämtliche Vorurteile wollen wir unsere Maschinen so schnell es geht außer Landes bringen, ehe es ein anderer tut. Der Etappenstart hätte nicht schöner sein können, in der Bucht von Kotor schlängeln wir uns immer direkt am Wasser entlang und durchfahren malerische Fischerdörfer. Doch bereits in Ulcinj, der letzten Stadt Montenegros, zeichnet sich der Kulturwechsel ab, der uns in Albanien bevorsteht. Rollerfahrer verfolgen uns um irgendwelche Ware oder Fremdenzimmer anzupreisen. Zum ersten Mal auf unserer Reise hören wir das Mittagsgebet des Muezzin von einem der zahlreichen Minarette. Wir verlassen die Stadt über eine gewundene Straße. In einer Kurve bricht Caspars Hinterrad aus und er stürzt. Zum Glück passiert nichts, da wir aufgrund der schlechten Straßenverhältnisse sowieso sehr langsam unterwegs sind. Die Hells Angels sollten Recht behalten. An der Grenze Albaniens, welche wir nach einiger Wartezeit doch problemlos passieren, kommen uns die ersten Bettler entgegen. Zunächst fahren wir in Küstennähe Richtung Durres und Vlores, ohne jedoch Sicht auf das Meer zu haben. Auf wahnsinnig schlechten Straßen

schlängeln wir uns im chaotischen Verkehr durch Siedlungen von einfachsten Ziegelsteinhütten. Etwas deplaziert wirken die Luxuskarossen, die vereinzelt durch diese Siedlungen fahren. Wir befinden uns mitten in der Erntezeit der Wassermelone, uns kommen dutzende schwer beladene Eselskarren entgegen. Albanien ist immer noch deutlich gezeichnet von der tiefen wirtschaftlichen, politischen und gesellschaftlichen Krise, die sich 1997 im Lotterieaufstand entlud. Tourismus ist nicht existent. Auf der Höhe von Vlores wechseln wir auf eine Hauptroute in das Landesinnere um einen griechischen Grenzübergang zu erreichen. Hier ändert sich unser Bild von Albanien schlagartig. Die Besiedlung wird dünner und die Häuser sehen ordentlicher aus. Breite Flussläufe aus weißem Kies ziehen sich sanft durch saftig grüne Hügellandschaften. Im Sonnenuntergang fahren wir der griechischen Grenze entgegen. Als wir Griechenland erreichen ist die Nacht bereits angebrochen. Die Temperatur fällt auf 15°C Grad ab und Nebel zieht auf. Mit unseren Maschinen durchbrechen wir donnernd diese gespenstische Stille. Fest entschlossen, heute noch Korfu zu erreichen, schalten wir sämtliche Lampen und Schweinwerfer an und fahren nebeneinander im Lichtschein des jeweils anderen nach Igoumenitsa. Die nächste Fähre legt leider erst um 2:30 Uhr in der Früh ab und so verbringen wir eineinhalb Stunden Wartezeit in einer kleinen Gyrosbude direkt am Hafen. Der Betreiber erzählt uns, dass hier in Igoumenitsa vor wenigen Tagen ein internationales Hells Angels Treffen stattgefunden hat. So ist es nicht verwunderlich, dass wir in den letzten und auch kommenden Tagen immer wieder vereinzelte Höllenengel auf den Straßen treffen. Die Fähre teilen wir uns ausschließlich mit Lastwägen, welche unsere Maschinen von allen Seiten einkeilen. Auf abgewetzten Sesseln machen wir es uns gemütlich und verbringen die eineinhalb stündige Überfahrt im Dämmerschlaf. Ziemlich übermüdet erreichen wir gegen 4:00 Uhr Korfu Stadt. Wir folgen der Küste in nördlicher Richtung und finden einen Campingplatz in der Nähe des Strandes. Dort schleichen wir uns auf das Gelände und schlagen das Zelt auf. Am nächsten Morgen checken wir bei einem verwunderten Besitzer ein.

Zwischenbericht

Mit der Landung auf Korfu ist die Adriaküste abgeschlossen und es wird Zeit für einen Blick auf die Karte. Seit Beginn der Reise haben wir knapp 4.000 Kilometer zurückgelegt, ein ordentlicher Start für das was noch vor uns liegt. Wir sind überrascht, wie weit wir es in den letzten Tagen über den Landweg bereits geschafft haben, doch sehen auch den weiten Weg, der noch vor uns liegt.

Vom Ionischen Meer zur Ägäis

12. Juni 2015 – Es muss auch Tage geben, von denen man nichts berichten kann. Am Strand von Korfu schieben wir einen faulen Lenz und lassen uns die Sonne auf die Bäuche scheinen. Zwischendurch schreiben wir die Berichte der letzten Tage nieder. Etwas irritiert sind wir von einer amerikanischen Feriengruppe, welchen eher zum Ballermann passen würde und den Campingplatz durch schiere Lautstärke zu dominieren versucht.

13. Juni 2015 – So ganz tatenlos wollen wir Korfu nicht verlassen. Wir entschließen uns die Insel auf unseren Motorrädern zu erkunden. Entlang der Ostküste fahren wir an das nördliche Ende der Insel, welches bergig und bewaldet ist. Kleine Dörfer reihen sich an der steilen Küste auf. Nachdem wir das nördliche Ende umrundet haben, begeben wir uns auf den Weg nach Pagi und suchen die James Bond Bar „Spiros Bond 007" auf. Sie steht exakt an der Stelle, an der Bond sich in „For your eyes only" mit Bond-Girl Melina während einer Verfolgungsjagd in einer gelben Ente überschlägt. Als wir ankommen liefert sich der Wirt Jimmy in der Rolle des James Bond eine wilde Schießerei mit einem holländischen Gast in der Rolle eines KGB-Agenten. Noch heute ist man sehr stolz auf den Film, der immerhin schon 1981 erschienen ist und in dem Jimmys gesamte Schwiegerfamilie als Statisten mitgewirkt hat. Auf einem Beamer hält Jimmy sämtliche Filmszenen bereit. Nach herrlichen Hackbällchen in Tomatensoße, mit Reis gefüllten Weinblättern und Schafskäse aus dem Ofen verlassen

wir das Dorf durch Olivenhaine, welche ebenfalls Schauplatz der Verfolgungsjagd waren. Die Erkundungstour geht weiter nach Korfu Stadt. Dort besichtigen wir den Palast St. Michael und St. George, in dem asiatische Artefakte und Kunst ausgestellt werden. Danach besuchen wir die St. Spiridon Kirche, in welcher der heilige Spiridon, Schutzpatron der Insel Korfu, liegt.

14. Juni 2015 – Früh brechen wir auf, da wir heute bis nach Thessaloniki und somit vom Ionischen Meer zur Ägäis fahren wollen. Um 9:30 Uhr legt die Fähre in Korfu ab, diesmal teilen wir sie uns nur mit Touristen. Gute eineinhalb Stunden später erreichen wir Igoumenitsa. Von dort aus fahren wir in Richtung albanische Grenze nach Konitsa, der Weg führt über einsame Landstraßen durch kleine ebenso einsame Dörfer. In Konitsa stärken wir uns, bevor wir in die Pindus-Berge und den gleichnamigen Nationalpark aufbrechen. Von Kieferwäldern bedeckt und von Braunbären und Luchsen bewohnt erstrecken sich die Berge auf über 2.000 Meter Höhe. Wir treffen auf alte Bekannte, Steilkurve und Spitzkehre sind uns lebhaft in Erinnerung geblieben! Die Anstrengungen der Turracherhöhe sollten noch lange nachhallen. Dieses mal umzirkeln wir sie jedoch deutlich vorsichtiger, die Straßen sind immer wieder abgerutscht und bestehen in Abschnitten nur aus Schotter. Immer höher geht es in die Berge, bis wir plötzlich zu unserem Erstaunen ein Skigebiet erreichen. Etwa vier Lifte und zwei Holzhütten lassen erahnen, was sich im Winter auf den Hängen zuträgt. Das einzige, dass uns nun im Sommer die Pisten versperrt, sind Schafherden. Am

frühen Abend ist der Nationalpark durchquert und wir nehmen ab Grevena die Autobahn, auf welcher die letzten Kilometer nach Thessaloniki schnell verfliegen. Angekommen in Thessaloniki fahren wir durch die kleinen Gassen und steilen Straßen der lebhaften Altstadt zu einem Hostel, welches sogar Stellplätze für die Motorräder hat.

Entlang der Ägäis

15. Juni 2015 – Wir nehmen uns den ganzen Tag Zeit um Thessaloniki zu erkunden. Die erste Station jedoch führt uns erst einmal auf heimisches Terrain. Im deutschen Generalkonsulat liegen unsere Reisepässe zur Abholung bereit. Frisch eingeklebt sind die Visa für den Iran, Usbekistan und Russland. Endlich hat die Reiseplanung den Reiseverlauf eingeholt! Von dort ist es nicht weit bis zum weißen Turm, dem Wahrzeichen der Stadt. Er wurde 1430 unter osmanischer Herrschaft zur Verteidigung des Hafens errichtet. Ein Vorläuferbau wurde ursprünglich während des Byzantinischen Reiches gebaut, über das wir anschließend im Museum Byzantinischer Kultur mehr erfahren. Es geht aus dem oströmischen Reich hervor und hat erheblich zur Christianisierung des Balkanraums beigetragen. Zum Abschluss dieser Kulturspritze geht es in die Demetrios-Basilika, eine griechisch-orthodoxe Kirche aus der frühbyzantinischen Periode. Leider lassen die Temperaturen keine weitere Kultur zu und wir verbringen den Rest des Tages im Hostel bei kühlem Hellen.

16. Juni 2015 – Früh machen wir uns heute auf den Weg. Das Tagesziel ist die Stadt Alexandroupolis, welche an der Küste kurz vor der türkischen Grenze liegt. Wir fahren durch die Ausläufer des Chortiatis Massivs und entlang der Seen Koronia und Volvi. Während ersterer zunehmend verlandet und kleiner wird, ist zweiterer der zweitgrößte natürliche See Griechenlands. Entlang der Ägäischen Küste geht es

nach Kavala, wo wir eine kleine Mittagspause einlegen. Beim Versuch die Lagos Lagune zu überqueren, verirren wir uns etwas im griechischen Küstengebiet und sammeln so erste Off-Road Erfahrungen. Die erste Flussüberquerung bleibt uns erspart, da ein freundlicher Hirte auf der anderen Uferseite uns den Weg zur nächsten Brücke weisen kann. Kurz vor Alexandroupolis zieht ein Gewitter auf und wir erreichen mit Sturm und Regen die Stadt. Beim Campingplatz angekommen regnet es nicht nur in Strömen, es hagelt Eiswürfel. Somit hat unsere kleine Irrfahrt doch noch etwas gutes, denn pünktlich angekommen säßen wir jetzt wohl im gefluteten Zelt. So allerdings fahren wir einen Block weiter in ein kleines Hotel.

17. Juni 2015 – Wieder einmal geht es früh raus, da wir heute Griechenland verlassen und bis nach Istanbul fahren wollen. Die türkische Grenze ist über die Autobahn schnell erreicht, doch dort müssen wir uns zunächst in Geduld üben. An insgesamt vier Kontrollen werden neben Versicherung zweimal Fahrzeugschein und dreimal Reisepass kontrolliert. Der überbordenden Bürokratie sei geschuldet, dass wir unsere Reise etwas in Eile fortsetzen. Die Rechnung kommt prompt, als wir kurze Zeit später wegen zu schnellem Fahren von der Polizei angehalten werden. Der ausstehende Beweis wird mit der Höhe des Bußgeldes wett gemacht. Freundlich werden wir gebeten, dieses von der nächsten Bank aus zu überweisen, wonach uns nicht wirklich der Sinn steht. Die Straße führt uns über Kesan nach Tekirdag. Dort stoßen wir auf das Marmarameer,

welches das Schwarze Meer mit der Ägäis verbindet. Richtung Istanbul wird der Verkehr chaotischer und die Schlaglöcher tiefer. Leicht genervt schlängeln wir uns durch den dichten Verkehr Istanbuls und müssen hilflos mitansehen wie die auf dem Navi angezeigten verbleibenden Kilometer bei jeder verpassten oder falschen Ausfahrt immer wieder nach oben springen. Als wir dann in Boyaciköy ankommen hellt sich unsere Stimmung schlagartig auf. Benedikt und Theresa, Freunde von Freunden, nehmen uns unbekannt aber dafür umso herzlicher auf und schnell wird klar, dass uns ein paar wahnsinnig gemütliche Tage in Istanbul bevorstehen.

Über den Bosporus

18. Juni 2015 – Früh morgens verlassen wir das Haus und nehmen das Schiff von Emirgan nach Eminönü. Im Morgendunst treibt das Schiff langsam den Bosporus herunter. Wir passieren beide Bosporusbrücken, prächtige, direkt am Ufer gelegene Villen und Paläste und beobachten wie die Stadt langsam zum Leben erwacht. In Sultanahmet besichtigen wir als erstes die Neue Moschee Yeni Cami, welche wir kurz fälschlicherweise für die Blaue Moschee halten, da sie tatsächlich um einiges blauer als diese ist. Die Blaue Moschee gilt als größte und prunkvollste Moschee Istanbuls. Ihren Namen verdankt sie den tausenden blauen Iznik Fayencen Fliesen, welche Blumen und Pflanzen zeigen. Den größten Eindruck hinterlässt die Hagia Sophia, welche im byzantinischen Reich als Kirche erbaut und nach der Eroberung der Osmanen zur Moschee umfunktioniert wurde. Neben christlichen Mosaiken hängen nun große arabische Schrifttafeln, in der Apsis ist eine Mihrab aufgebaut, der Bau selbst ist von Minaretten flankiert. Danach steigen wir hinab in die türkische Unterwelt und besichtigen die Cisterna Basilica. Schon James Bond ruderte in „Liebesgrüße aus Moskau" durch diese Zisterne um einen Geheimgang zum russischen Konsulat zu erreichen. Die Atmosphäre zwischen den 336 schwach beleuchteten und sich im Wasser wiederspiegelnden Säulen ist eine ganz besondere. Im Schein der Lichter funkeln die Münzen und tummeln sich die Fische. Anschließend widmen wir uns dem Topkapi-Palast, osmanische Architektur in Vollendung. Besonders

beeindruckend ist der reich geschmückte Harem mit den Privatgemächern der Sultane. Jeder Sultan ließ sein eigenes Zimmer anbauen, und so wird der Gang durch den Harem zur Zeitreise der verschiedenen Dynastien. Von dort ist es nicht weit zum großen Basar. Tausende bunte Stände fädeln sich an den verwinkelten Gassen auf. Wir lassen uns mit den Menschen treiben und verlieren in kürzester Zeit die Orientierung. Als wir am späten Nachmittag hinausfinden, verlassen wir das goldene Horn über die Galata-Brücke in Richtung Karaköy, einem Viertel mit vielen Bars und Restaurants. Mit dem Blick vom Galata-Turm über die Stadt schließen wir das Touristenprogramm ab.

19. Juni 2015 – Heute schlafen wir etwas länger aus. Überhaupt wird es ein entspannter und gemütlicher Tag. Theresa macht uns ein spätes Frühstück und wir freuen uns sehr über deutsches Brot und deutsche Wurst! Mit viel Kaffee und noch mehr türkischem Honig schreiben wir die letzten Tagesberichte auf, während um uns herum alles still und leise im Ramadan versinkt.

20. Juni 2015 – Heute geht es früher los, da wir von Istanbul ans Schwarze Meer fahren wollen. Liebe Theresa, lieber Benedikt, vielen Dank Euch für diese drei herrlichen Tage in Istanbul! Wir passieren die zweite Bosporusbrücke und lassen somit Europa endgültig hinter uns. Der dichte Verkehr Istanbuls löst sich erstaunlich schnell auf. Einsame Landstraßen führen uns durch den Ayhan Sahenk Sevgi Ormani Wald, der streckenweise stark an den Schwarzwald

erinnert. Bei Sile treffen wir zum ersten Mal auf das Schwarze Meer, an dessen Küste wir uns halten. Immer wieder geht es durch Kiefernwälder, Haselnussplantagen, dann wieder durch kleine Dörfer teils aus wunderschönen alten Holzhäusern. Starke Regenfälle in den letzten Tagen haben viel Schlamm und Schotter auf die Straßen gespült, in den Dörfern wird viel aufgeräumt. Vor einem Café verfolgt uns die Stammtischrunde der Dorfältesten mit gebannten Blicken. Jacob, der vorwegfährt, hebt die Hand zum Gruße. Augenblicklich schnellen zehn türkische Hände in die Höhe, der Stammtisch grüßt uns lautstark zurück, sie jubeln uns zu und feuern uns an. Ab Zonguldak verlassen wir die geteerte Straße und bewegen uns auf engen, schlaglochübersäten und teils gefluteten Bergstraßen weiter. Wir kommen nur langsam voran, doch dieser Abschnitt macht unglaublich viel Spaß. Abends erreichen wir Amasra, der angepeilte Campingplatz jedoch scheint vor Jahren aufgegeben worden zu sein. Somit checken wir in einer kleinen Pension ein.

Entlang des Schwarzen Meers

21. Juni 2015 – Nicht allzu früh brechen wir in Amasra auf, Tagesziel ist das gut 300 Kilometer entfernte Sinop, welches ebenfalls am Schwarzen Meer liegt. Wir folgen wie schon am Vortag der D-010, die den Norden der Türkei von West nach Ost durchzieht. Je weiter östlich wir fahren, desto weniger Strände gibt es und desto steiler wird die Küste. Im Gegensatz zur Ägäis ist das Schwarze Meer tiefblau und rauer. Generell ist das Klima hier kühler als noch an der Adria, sodass sich das Motorradfahren gut aushalten lässt. Die Straße folgt in unzähligen Kurven der Küstenlinie, mal direkt am Wasser und mal hoch oben an der Steilküste entlang. Die Fahrt gleicht einem einzigen Panoramablick, die Strecke ist bis jetzt eine der schönsten der Reise. Einige Male sehen wir am Straßenrand Autos mit deutschen Kennzeichen. Es sind Deutsch-Türken, die jetzt im Sommer Heimat und Familie besuchen. Gerade von der Schwarzmeerküste kamen viele Gastarbeiter nach Deutschland, da auch hier Tagebau betrieben wurde. Unerwarteter Weise sehen wir viele unverschleierte Türkinnen. Generell sind die Türken hier liberaler als wir es von Deutschland gewohnt sind und wir treffen auf viel Gastfreundschaft und Hilfsbereitschaft. Abends erreichen wir einen Campingplatz bei Sinop und treffen zwei sehr nette Münchner. Christina und Dominic kommen gerade mir ihrem Mercur aus dem Iran und können uns neben Abendessen viele nützliche Tipps und Empfehlungen geben.

22. Juni 2015 – Weiter geht die Tour entlang der Schwarzmeerküste auf der altbekannten D-010. Leider ist diese ab Sinop keine gewundene Bergstraße mehr, sondern eine breit ausgebaute, wie mit dem Lineal gezogene Schnellstraße. Links das Meer, rechts die Steilküste, so führt die Straße durch zähe Siedlungsgebiete, unzählige Male unterbrochen von Ampeln und Zebrastreifen, die kaum jemand wahrzunehmen scheint. Wie eine Erlösung aus dieser stupiden Fahrerei kommt das Kizirmilak Delta, wo der größte Fluss der Türkei im Schwarzen Meer mündet. Auf Schotterstraßen rollen wir langsam an Wasserbüffeln vorbei, Störche stehen auf den Rietinseln und Adler kreisen am Himmel. Danach geht es auf der D-010 so weiter, wie es zuvor aufgehört hat. Obwohl wir die Strecke schnell abspulen, zieht sie sich eine gefühlte Ewigkeit hin. Endlich erreichen wir Ordu und finden den angepeilten Campingplatz direkt am Strand. Abends nimmt sich der Besitzer viel Zeit, um uns bei türkischem Tee Routen durch das Pontische Gebirge für die morgige Etappe zu zeigen.

23. Juni 2015 – Die geplante Abfahrt am frühen Morgen wird durch einsetzenden Regen hinausgezögert. Wir warten auf eine kurze Unterbrechung und schwingen uns auf die Straße. Unser Wagnis zahlt sich aus, der Himmel hält solange wir auf der Straße sind. Kurze Zeit später legen wir jedoch eine erste Pause ein, um in der Teestube der Teefabrik Tirebolu 42 selbigen zu probieren. Gerade an der östlichen Schwarzmeerküste der Türkei werden viele Teeplantagen betrieben. Insgesamt werden die vom Meer aus zu sehenden Berge deutlich

grüner als vor ein paar Tagen noch an der westlichen Schwarzmeerküste. Doch auch hier verläuft die breit ausgebaute Straße über hunderte von Kilometern direkt am Wasser entlang. Die Städte liegen meist auf der dem Meer abgewandten Seite der Straße. Das Meer wird in keiner Weise in die Stadtplanung miteinbezogen. Fast schon komisch wirken die Parkbänke, welche, direkt an der Straße gebaut, dann doch einen Blick über die sechsspurige Straße auf das Meer ermöglichen sollen. Hinter Pazar biegen wir ab in das Pontische Gebirge und lassen somit das Schwarze Meer hinter uns. Auf fast 4.000 Meter steigt der Kaçka Dagi unmittelbar hinter der Küste auf. Eine kleine Straße führt uns entlang des reißenden Firtina Flusses in die nebligen Kaçkar-Berge bis nach Ayder. Mit seinen Berghöfen und Holzhütten hätte dieses Dorf ebenso in den Alpen liegen können. Wir finden ein kleines gemütliches Hotel, in dem wir die nächsten zwei Nächte bleiben werden.

Wildes Kurdistan

24. Juni 2015 – Als wir mittags aufstehen, ist es genauso diesig wie am Vortag. Wir steigen auf unsere Motorräder und fahren erst ein Stück weit zurück nach Çamlıhemşin und dann weiter nach Zilkale. Eine kopfsteingepflasterte Straße windet sich immer höher in die mit Wolken verhangenen Berge, ein stetiger Nieselregen begleitet uns. Unterwegs kommen wir an den historischen Brückenbögen von Çamlıhemşin vorbei, welche steil und schmal über den reißenden Firtina Fluss führen. In Zilkale schauen wir uns die Ruinen einer mittelalterlichen Burg an. Obwohl relativ klein, soll sie doch eine der bedeutendsten Burgen im Landkreis Çamlıhemşin gewesen sein. Die Burg wurde vermutlich im 14. oder 15. Jahrhundert gebaut und überblickt auf einem Steilhang gelegen das Firtina Tal. Auf dem Rückweg nach Ayder nimmt der Regen zu und ein Gewitter zieht auf. Firtina bedeutet „stürmisch" und langsam verstehen wir warum dieses Tal so genannt wird. In Ayder angekommen entspannen wir erst einmal im Kaplica Thermalbad, welches von den heißen Quellen Ayders gespeist wird. Komplett aus Marmor gebaut, ist es natürlich strikt nach Frauen und Männern getrennt. Im heißen Wasser fällt langsam die Anstrengung der letzten Tage und Wochen ab.

25. Juni 2015 – Wie so oft in diesen Tagen hält der Morgen Regen bereit. Doch gewärmt mit Tee geht es auf die Straße, die so früh am Morgen noch sehr leer ist. Zunächst fahren wir von Ayder wieder an das Schwarze Meer, um ein Stück weiter ostwärts einen

Pass zu nehmen, der uns in den Süden führen soll.

Der Regen wird stärker und drückt sich trotz aller Maßnahmen in kurzer Zeit durch sämtliche Schichten unserer Motorradanzüge durch. Unweit der Grenze Georgiens biegen wir wieder in das Pontische Gebirge ab und es wird deutlich kälter. Durchgenässt wie wir sind, klammern wir uns im wahrsten Sinne des Wortes an die beheizten Griffe der Motorräder. Auf einer Passstraße weckt plötzlich laute Musik aus einer Teestube unser Interesse und wir kehren ein. In der Stube finden wir drei Kurden vor; der eine spielt die Tenbur, der andere singt Volkslieder, ein dritter serviert den Gästen Tee. In unseren Motorradanzügen hätten wir dieser zufällig versammelten Runde nicht fremder sein können und doch scheint alles so zu sein, wie es sollte. Sie winken uns in ihre Mitte und so lauschen wir Tee trinkend der kurdischen Volksmusik. Das Mikrofon wird unter den Gästen weitergereicht, ein jeder weiß voll Inbrunst eine Strophe der episch-melancholisch klingenden Lieder zu singen. Auf einmal wird uns klar, dass wir uns nicht mehr in denselben nebligen Bergen der Ayder-Ebene befinden, sondern mitten im wilden Kurdistan. Irgendwann löst sich die Runde genauso schnell wieder auf wie sie sich gebildet hat und jeder zieht seines Weges. So ziehen auch wir zunächst parallel der georgischen, später der armenischen Grenze gen Süden. Die Straße führt uns immer näher an die Wolkendecke, bis wir plötzlich in ihr verschwinden. Man sieht kaum die Hand vor Augen, sodass wir uns in Schrittgeschwindigkeit die Serpentinen hochtasten. Oben durchbrechen wir die Wolkendecke und stellen mit Erstaunen fest, dass wir die Schneegrenze erreicht haben. Wir lassen die Schlechtwetterseite hinter uns und durchfahren eine grüne und blühende Hochebene. Spärlich besiedelt sehen wir einige Bauern auf Pferdewägen und große Herden von Schafen und Kühen. So manches Mal müssen wir uns den Weg freihupen. Als wir an einer Tankstelle für ein paar Snacks halten, laden uns die kurdischen Tankwärter zu einem Tee ein. Trotz sprachlicher Barriere gibt man uns mit Handzeichen deutlich zu verstehen, was man in diesen Breitengraden von dem türkischen Präsidenten Erdogan hält. Als wir uns beim nächsten Platzregen unter ein Hallendach flüchten, lädt uns eine türkische Familie zum Tee ein. Sie wiederum warnen uns vor den Kurden. Bis jetzt wurden wir in den meisten Ländern vor den Nachbarländern gewarnt. Hier in der Türkei allerdings wird man bereits vor dem Nachbarort gewarnt. Tatsächlich werden wir jedoch überall mit großer Freude und Gastfreundschaft aufgenommen. In der roten Abendsonne fahren wir entlang des Vansees, dem größten See der Türkei, und erreichen bei Einbruch der Dunkelheit nach über 700 Kilometern die Stadt Van. Hier werden wir, noch ehe wir in einem Hotel einchecken können, natürlich wieder auf einen Tee eingeladen.

Jenseits von Anatolien

26. Juni 2015 – Die Fahrt Richtung Iran geht unentwegt weiter. Nachdem wir gestern bereits bis nach Van gekommen sind, welches etwa auf der Höhe von Täbris liegt, ist die heutige Etappe kürzer. Der angepeilte Grenzübergang bei Esendere liegt nahe des Dreiländerecks Türkei, Iran und Irak. So steigt erwartungsgemäß die Militärpräsenz stark an, je weiter wir uns Richtung Süden bewegen. Gepanzerte Kolonnen kommen uns entgegen und wir passieren einige Militärstützpunkte. Etwa 50 Kilometer vor der irakischen Grenze lassen wir unsere letzten türkischen Lira für zwei Dosen Cola liegen. Mit Blick auf das zwischen uns und dem Irak liegende Samdi-Gebirge biegen wir dann doch östlich Richtung Iran ab. An der Grenze erleben wir auf türkischer Seite ein heilloses Chaos. Zum Glück dürfen wir an der endlosen Schlange von Bussen und Lastwägen vorbeifahren, doch vorne angekommen kann uns zunächst niemand konkrete Anweisungen geben. Wir werden durch eine Baustelle gelotst und steigen vor einem verstaubten Betonkomplex von den Motorrädern ab. Dort werden wir in der Türkei Willkommen geheißen, es gibt keine getrennten Bereiche für Ein- und Ausreise. Nach einigen Erklärungsversuchen bekommen wir unsere Ausreisestempel. Schon auf iranischer Seite angelangt werden wir nochmals zurückgepfiffen, da man vergessen hat auch unsere Motorräder auszutragen. Auf iranischer Seite treffen wir erleichtert Hossein, Kontakt eines Motorradfreundes. Er regelt für uns die Einreise, welche deutlich geordneter abläuft. Hossein

betrieb in Urmia ein Gästehaus für Motorradreisende, in welchem wir zwei Nächte bleiben wollen. Dort angekommen werden wir von seiner ganzen Familie herzlich in Empfang genommen. Abends führt uns Hossein durch verwinkelte Gassen in eine in einem Hinterhof versteckt gelegene Teestube. Im Schatten zweier Bäume sitzen Einheimische und ziehen an ihren Wasserpfeifen. Wir setzen uns dazu und dürfen das wirkliche Iran erleben. Im Hintergrund wird auf einem Fernseher das Volleyballspiel Iran gegen Polen übertragen. Uns wird erklärt, dass wir uns in Urmia in der Hauptstadt des Volleyballs befinden. Natürlich gewinnt Iran. Die Menschen strömen auf die Straßen. Voller Begeisterung fahren wir mit Hossein in einem riesigen Autokorso die Hauptstraße entlang. Es wird laut Musik gespielt, die Menschen tanzen auf den Straßen und überall wehen iranische Flaggen. Die Polizei steht am Straßenrand und ihre Machtlosigkeit gegenüber der Bevölkerung ist ihr förmlich anzusehen. Einen fahlen Nachgeschmack jedoch hinterlassen die Sittenwächter, welche sich um die Autos schleichend Nummernschilder aufschreiben. Erst spät in der Nacht fahren wir zurück in das Gästehaus.

27. Juni 2015 – Heute wird lange ausgeschlafen. Beim Geldwechsel werden wir zu Millionären, da ein Euro ungefähr 40.000 Rial entspricht. Hossein zeigt uns eine Werkstatt in der wir die Straßenreifen unserer Maschinen gegen Off-Road Reifen wechseln lassen. Nach getaner Arbeit dreht der Meister persönlich begeistert eine Runde auf der 800 GS. Im Iran besitzt

fast jeder ein Motorrad, doch sind sie auf 250 ccm begrenzt und dürfen von Frauen nicht gefahren werden. Nur Freitags darf man unter Polizeibegleitung mit sogenannten Big Bikes fahren. Dementsprechend groß ist die Verwunderung der Motorrad-begeisterten Iraner uns zwei auf den 800er Maschinen fahren zu sehen. Wenn wir dann noch unsere Helme abnehmen und die Leute erkennen, dass nicht nur Motorräder, sondern auch Fahrer sich zum Verwechseln ähnlich sehen, gibt es kein halten mehr. „Dogulu", Zwilling, ist ein Wort welches wir oft hören. An dieser Stelle dürfen wir unseren Eltern viele Glückwünsche überbringen. Der Tag endet mit einem Kebab und einem Besuch bei gestriger Teestube.

28. Juni 2015 – Wir verlassen Urmia entspannt am Mittag und begeben uns auf den Weg nach Täbris. Während der Fahrt wird uns das Ausmaß des Interesses und der Aufgeschlossenheit der Iraner gegenüber Ausländern nochmals verdeutlicht. Einheimische grüßen uns lautstark und hupend aus den Autos, sie winken vom Straßenrand und heißen uns Willkommen im Iran. Mehrere Male versuchen Autofahrer uns anzuhalten um Fotos zu machen oder ihr Essen mit uns zu teilen. An den Mautstationen werden wir ohne etwas zahlen zu müssen durchgewunken und wieder Willkommen geheißen. Die Straße nach Täbris verläuft mitten durch einen Salzsee und gibt einen guten Eindruck, was uns weiter im Süden noch erwarten wird. In Täbris angekommen finden wir ein zentral gelegenes Hotel. Wir ziehen los auf der Suche nach etwas Essbarem, was sich durch

den Ramadan als äußerst schwierig erweist. In einem Geschäft fragen wir ein paar junge Iraner ob sie uns weiterhelfen können. Nach kurzem Zögern fordert uns einer von ihnen auf ihm zu folgen und wir verschwinden im Keller einer Einkaufspassage. Dort klopft er gegen eine verschlossene und mit Zeitungspapier verhangene Tür. Nachdem wir durch einen Spalt gemustert werden, öffnet sich die Tür und wir dürfen in einen kleinen Eckladen eintreten. Einige Iraner sitzen versammelt am Tisch und tun all das, wofür sie von der Sittenpolizei im Ramadan verhaftet werden würden. Sie essen Eis und Schokoriegel, trinken Cola und rauchen Zigaretten. Gestärkt erkunden wir den alten Basar, welcher mit über 7.000 Läden und 40 Gärten ein eigenes Stadtviertel bildet. Dort treffen wir auf Ali, einen ehemaligen Englischlehrer, der viel zu erzählen weiß. So kommt es auch, dass wir uns abends mit ihm in einer Teestube treffen.

29. Juni 2015 – Morgens treffen wir uns wieder mit Ali, der uns die Sehenswürdigkeiten von Täbris zeigt und erklärt. Der Vormittag vergeht schnell. Zunächst besichtigen wir das Rathaus, welches 1935 von einem deutschen Architekten in Form eines Adlers entworfen wurde. Adler lagen damals in Deutschland wohl im Trend. Über die blaue Moschee, die während eines Erdbebens zerstört und wieder aufgebaut wurde, geht es weiter bis hin zum Aserbaidschan-Museum, welches verschiedene historische Funde ausstellt. Was hier kulturbeflissen erscheint, war tatsächlich recht langatmig. Abends lädt uns Alis Sohn Amin, professioneller Bergsteiger, ein um mit seinem

Bergsteigerverein den Eynali Berg zu besteigen. Mit Blick auf den Sonnenuntergang über der Stadt wird das Fasten gebrochen und wieder dürfen wir die wahnsinnige Gastfreundschaft der Iraner erleben.

Inshallah Teheran

30. Juni 2015 – Heute machen wir uns früh auf den Weg, da wir abends Teheran erreichen wollen. Motorradfahrer dürfen im Iran nicht die Autobahn benutzen, somit wird die Tagesetappe etwas länger werden. Wir machen das Beste daraus und suchen uns eine Route welche uns an das Kaspische Meer bringt. Dort angelangt wollen wir der Küste folgen, bis wir von Norden her Teheran erreichen. Bei Astara stoßen wir auf das Kaspische Meer, jedoch dauert es noch eine Weile bis wir es tatsächlich sehen. Für einige Zeit folgen wir dem Küstenverlauf. Irgendwann verlassen wir die Hauptstraße und fahren auf einer Sandpiste weiter um in Küstennähe zu bleiben. Die Maschinen schlingern im tiefen Sand, einige Male hilft nur noch schieben. Die starke Belastung von Gas und Kupplung geht an den Motorrädern nicht spurlos vorbei. Irgendwann merkt Jacob, dass sein Motorrad beim Gas geben nicht mehr beschleunigt. Der Motor heult auf, aber es wird kaum noch Kraft auf das Hinterrad übertragen. Die Gänge lassen sich problemlos einlegen und somit ist ein Getriebeschaden zum Glück auszuschließen. Kette und Ritzel sind ebenfalls in Ordnung. Etwas ratlos stehen wir am Straßenrand und untersuchen laienhaft das Motorrad. Das große Ziel Teheran rückt plötzlich wieder in die weite Ferne, in der es vor Beginn unserer Reise lag. Zum Glück halten bald zwei Iraner und eine iranische Familie an. Wahnsinnig hilfsbereit bietet einer der beiden Iraner an Jacobs Motorrad mit seinem Pickup zur nächsten Werkstatt abzuschleppen. Die iranische Familie begleitet uns

selbstverständlich. Dort treffen wir auf einen Mechaniker wie er im Buche steht. Ölverschmiert in Latzhose und die Stirn tief in Falten gelegt, erkennt er mit prüfendem Blick sofort, dass das Problem bei der Kupplung liegt. Er stellt den Zug der Kupplung neu ein und siehe da, die Maschine fährt wieder. Erleichtert und glücklich setzen wir unsere Reise fort, Teheran scheint wieder zum Greifen nah zu sein. Nach ungefähr hundert Kilometern jedoch tritt das gleiche Problem wieder auf. Dieses Mal befinden wir uns zum Glück in einer Stadt, Langarud. Es bildet sich schnell eine Menschentraube um uns, jeder versucht zu helfen, hat Ideen und Vorschläge, keiner jedoch spricht Englisch. Uns werden viele Handys entgegengehalten, auf der anderen Seite meist irgendwelche Freunde oder Verwandte die etwas Englisch sprechen können. Es wird immer später und wir müssen eine Entscheidung fällen. Wir gehen unsere Optionen durch. Rückkehr zur nächstgrößeren Stadt Rasht? Übernachten in Langarud? Abschleppen bis nach Teheran? Wir entschließen uns für die dritte Variante und wollen mit einem Abschlepper noch in dieser Nacht nach Teheran fahren. Das Problem scheint etwas ernster zu sein und somit ist die Chance, fähige Mechaniker und passende Ersatzteile zu finden, in der Hauptstadt am größten. Wir finden einen Abschlepper, der bereit ist beide Motorräder nach Teheran zu fahren. Ohne Laderampe müssen wir die Maschinen per Hand auf die Ladefläche wuchten, ein wahnsinniger Kraftakt. Zu dritt sitzen wir mit dem Fahrer in der engen Kabine, der Abschlepper rumpelt und schaukelt langsam durch die Nacht. Schlaglöcher reißen uns ab und zu aus einem unruhigen und dämmrigen Schlaf. Irgendwann rollen wir auf eine Tankstelle. Beim starten jedoch springt der Abschlepper nicht mehr an. Es scheint, als hätte sich die Batterie verabschiedet. Teheran sollte wohl einfach nicht sein. Die Tankwärter schieben den Abschlepper an und unter ächzen und stöhnen springt der Motor zum Glück ruckelnd wieder an. Um 4.30 Uhr in der Früh erreichen wir völlig erschöpft und am Ende Teheran. Unsere Ankunft hatten wir uns anders vorgestellt, mehr Triumph, weniger Drama. Der Fahrer hält direkt vor einer Werkstatt und wir ruhen uns noch ein wenig aus bevor diese ihre Tore öffnet.

1. Juli 2015 – Das einmonatige Jubiläum der Reise beginnt nach etwa zwei Stunden Schlaf auf der Sitzbank des Abschleppers in Teheran. Die Sonne weckt uns früh und langsam öffnen die Geschäfte in unserer Straße. Irgendwann sind auch die Mechaniker der Werkstatt da und nehmen sich nach kurzer Besprechung Jacobs Motorrad an. Während sich der Abschlepper auf den Rückweg macht, schieben wir die Maschine in die Werkstatt. Das Öl wird abgelassen, die Kupplung aufgeschraubt und zerlegt. Eine genaue Analyse scheitert jedoch vorerst an der sprachlichen Barriere. Die Mechaniker legen sich auf die Reibscheiben der Kupplung fest, wir jedoch sehen das Problem beim Kupplungshebel. Es dauert lange bis sich jemand findet, der übersetzen kann. Dann wird klar, der Kupplungshebel ist tatsächlich ausgerenkt, welches die Mechaniker auf den Verschleiß der Reibscheiben zurückführen. Da die 800 GS im Iran noch nicht auf dem Markt ist, sind auch Ersatzteile

nicht erhältlich. Ein Mechaniker fährt los und schaut, was er besorgen kann. Wir haben die Wahl zwischen Reibscheiben einer 650er BMW und einer 1000er Kawasaki. Wir entscheiden uns für letztere in der Hoffnung, dass diese der Belastung der 800er besser standhalten kann. Es werden acht Scheiben herausgenommen, neun Scheiben eingesetzt, dann wird die Kupplung wieder zusammengesetzt. Vorsichtshalber wird der Ölfilter gewechselt und die Ölwanne gereinigt. Mittlerweile haben sich die zwei Deutschen auf ihren BMWs in der Gegend herumgesprochen. Die Mechaniker aus den umliegenden Werkstätten sind sehr interessiert und versorgen uns immer wieder mit Getränken und Essen. Irgendwann wird auch das passende Motoröl geliefert, sodass das Motorrad endlich wieder läuft. Nach langer Verabschiedung und vielen Fotos machen wir uns auf den Weg zu bekannten Gesichtern. Fabian und Lars, zwei Freunde aus St. Gallen, heißen uns in ihrer Wohnung in Teheran willkommen und endlich haben wir das Gefühl wirklich angekommen zu sein. Nach 36 Stunden kommen wir bei mittlerweile 42°C Grad erstmals wieder aus den Motorradanzügen. Die letzten zwei Tage waren wahnsinnig anstrengend, doch durch die unglaubliche Hilfsbereitschaft und Gastfreundschaft der Iraner werden uns wohl genau diese Erlebnisse noch lange in Erinnerung bleiben.

2. Juli 2015 – Heute Vormittag wird der ganze Mangel an Schlaf der letzten zwei Tage nachgeholt. Dann schreiben wir die letzten Tagesberichte und freuen uns sehr über das Interesse und die Anteilnahme, die uns zwischenzeitig aus Deutschland erreicht.

Nachdem wir ein paar Dokumente für das Transitvisa Turkmenistan vorbereitet haben ist der Tag auch fast vorbei. Gut angepasst an die iranische Kultur wie Fabian und Lars es sind, stecken wir uns noch eine Wasserpfeife an, ehe es ins Bett geht.

3. Juli 2015 – Wir nehmen uns den Tag Zeit, auch etwas Kultur in Teheran zu erleben. Doch wo fängt man an in einer 10 Millionen Einwohner Stadt? Die Saadabad-Palastanlage macht es uns sehr einfach. Die königliche Sommerresidenz, welche Reza Schah Pahlavi für Amts- und Wohnzwecke nutzte, umfasst 18 Gebäude auf einer Fläche von 110 Hektar. Man sollte sich im vorhinein schon überlegen, welche der zahlreichen Ausstellungen, Museen und Paläste man besichtigen will. Wir schauen uns als erstes den grünen Palast von 1928 an, welcher von Außen an eine Gründerzeitvilla erinnert und seinen Namen durch die grüne Marmorfassade erhält. Von Innen ist er an Prunk und Pracht nicht zu überbieten. Französische Renaissance-Möbel stehen an in deutschem Porzellan gedeckten Tischen unter spiegelverzierten Decken. Feinste Teppiche schmücken Böden und Wände. Der weiße Palast von 1936 ist deutlich größer und von Außen schlichter gehalten. Innen hängen tschechische Kristallleuchter über marmorüberzogene Böden, wieder französisches Mobiliar zu deutschem Porzellan. Der Einblick in das Leben der Königsfamilie wird durch das Museum der königlichen Autos abgerundet. Neben diversen Rolls Royce lassen sich auch Schneemobil, Strandbuggy, und Kindermotorräder finden. Zu unserer großen Freude scheint auch der Schah ein BMW Motorrad

besessen zu haben. Das Militärmuseum stellt unter Anderem Geschenke verschiedener Armeen und Machthaber aus, so auch zwei silberne Kalaschnikows von Saddam Hussein. Abends werden wir von Shahrad und Arezu, Verwandte von Freunden aus Köln, in ein traditionell-persisches Restaurant eingeladen. Wir erleben einen herrlichen Abend mit Live-Band und allem, was die persische Küche nur bieten kann. Saftige Fleischspieße und –bällchen zu köstlichen Joghurtsoßen. Die Stimmung ist ausgelassen, ein Sänger nach dem anderen betritt die Bühne und schmettert seine Volkslieder. Die Gäste singen und klatschen laut mit, irgendwann ist es Zeit zu gehen.

4. Juli 2015 – Morgens fahren wir in das Turkmenische Konsulat um dort die benötigten Transitvisa zu beantragen. An der Tür erfahren wir, dass dieses heute leider geschlossen ist. Also entschließen wir uns noch einen Tag in Teheran anzuhängen. Wir besichtigen den Golestanpalast, bis zur Errichtung der Islamischen Republik offizieller Sitz der persischen Monarchie. Der Palast ist deutlich größer als die Paläste in Saadabad, wirkt jedoch durch die bunt zusammengewürfelte Fassade etwas skurriler und weniger elegant. Ähnlich wie im grünen Palast gibt es komplett verspiegelte Empfangshallen, welche typisch für die Pahlavi Dynastie sind. Abends gehen wir im Divan essen und schließen so Teheran mit wahnsinnig guter moderner persischer Küche ab.

Zwischenbericht 2

Mit Teheran haben wir das großes Ziel der ersten Hälfte unserer Reise erreicht. In genau einem Monat haben wir gut 8.000 Kilometer zurückgelegt, die letzten 300 Kilometer auf dem Abschlepper konnten die Freude nicht schmälern. Der Tagesschnitt liegt bisher bei unglaublichen 270 Kilometern, der aufgebaute Vorsprung ermöglicht es uns den Iran umfassender als zunächst geplant zu bereisen.

Ab in den Süden

5. Juli 2015 – Wieder fahren wir zur Botschaft Turkmenistans, heute ist sie geöffnet und wir können das Transitvisa beantragen. Leider ist die Einreise frühestens am 15. Juli möglich, sodass uns ein paar Tage mehr im Iran als zunächst geplant bleiben. Nach dem Botschaftsbesuch brechen wir direkt in Richtung Isfahan auf. Wir lassen den dichten Verkehr Teherans schnell hinter uns und fahren auf einsamen, gut ausgebauten Straßen Richtung Süden. Die Temperatur erreicht schnell 42°C Grad und die Sonne heizt uns in den Motorradanzügen ordentlich ein. Die Fahrt bei offenem Visier ist durch den Gegenwind noch heißer als bei geschlossenem Visier, zudem nimmt das Wasser im Camelbag zügig die Außentemperatur an. Die Landschaft wird sehr schnell sehr trocken und bald bewegen wir uns in wüstenähnlichen Gebieten. Braune Steppen erstrecken sich bis zum Horizont, an welchem sich

der Salzsee Namak abzuzeichnen scheint. Einige Karawansereien, welche verstaubt und verfallen vor uns liegen, lassen erahnen wie belebt die Südroute der Seidenstraße einst war. Die Fahrt auf den kilometerlangen geraden Straßen ist ermüdend und die Hitze lässt den Schweiß nur so fließen. Hinter Kaschan überqueren wir eine Bergkette, um auf die Schnellstraße Richtung Isfahan zu gelangen. In den Bergen kühlt es auf angenehme 25°C Grad ab und die kurvenreiche Straße bietet Abwechslung. Einmal auf der Schnellstraße angekommen, vergehen die letzten Kilometer nach Isfahan schnell. In Isfahan suchen wir die Adresse von Amin auf, einem Bekannten der Teheraner Freunde. Seine Wohnung scheint eine einzige Couch-Surfing Party zu sein und wir bekommen zum Glück ein Zimmer für ein paar Tage.

6. Juli 2015 – Heute machen wir uns auf um Isfahan zu erkunden. Die Erwartungen an diese Stadt sind hoch, da jeder Iraner sie als schönste Stadt des Landes anpreist. Und tatsächlich merken wir bald, dass diese Stadt anders ist als alle bisherigen. Endlich sehen wir eine Stadt, die ihren Fluss in das Stadtbild integriert hat. Der Zayandeh Rud, in den Wintermonaten ein breit fließender Fluss, zieht sich von West nach Ost durch die Stadt. Wunderschöne Brückenbögen überspannen den Fluss, an dessen Ufer sich endlose Parks erstrecken. Generell ist Isfahan eine sehr grüne Stadt, jede Straße gleicht einer Allee und es gibt viele Parks und Gärten. Einige von ihnen hat der Ramadan noch nicht erreicht. Leider sind die Iraner wohl nicht allzu geschickt im Umgang mit ihrem Wasser. Ähnlich wie der Urmia See durch bauliche Aktivitäten zu

einem Salzsee vertrocknete, versiegt auch der Zayandeh Rud mittlerweile in den Sommermonaten durch Industrialisierung und Wachstum der Stadt. Übrig bleiben einige Pfützen in einem sonst braunen Flussbett. Als erstes betreten wir den Imam Khomeini Platz, zum Zeitpunkt seiner Erbauung Anfang des 17. Jahrhunderts der weltweit größte öffentliche Platz. Dort befindet sich vor Kopf die Königsmoschee, welche schon zu Zeiten des Schahs der Öffentlichkeit zugänglich war. An einer Breitseite des Platzes steht die Scheich Lotfollah Moschee, welche dem Schah und seiner Familie vorbehalten war. Die Königsmoschee gilt als Meisterwerk islamischer Baukunst, die deutlich kleinere Scheich Lotfollah Moschee ist die schönere. Beide Moscheen sind mit prachtvollen türkisen bis tiefblauen geometrischen Mosaiken verkleidet. Danach schauen wir uns den Chehel Sotoun Pavillon an, der mit wunderschönen Holzsäulen und Wandgemälden in einem ruhigen Park liegt. Dort bekommen wir in eine Teestube trotz Ramadan ein wahnsinnig gutes Safran-Eis!

7. Juli 2015 – Geplantes Tagesziel für heute ist Schiras, zirka 450 Kilometer südlich von Isfahan. Als ehemalige Hauptstadt des Irans, unter anderem in der Epoche der Zandisten, ist Schiras heute noch ein wichtiges kulturelles Zentrum des Landes. Später als geplant fahren wir los. Schnell lassen wir den Stadtverkehr Isfahans hinter uns und wollen über das Zagros Gebirge Schiras erreichen. Doch es kommt anders.
Jacob: Kurz nachdem wir die Stadt hinter uns lassen höre ich ein lautes Surren aus Richtung Vorderrad,

der Schlauch ist geplatzt. Noch ehe ich einen klaren Gedanken fassen kann, spüre ich einen Ruck im Lenker. Dieser fängt immer stärker an zu flattern. Mit aller Kraft versuche ich das Motorrad gerade zu halten, während ich langsam abbremse. Doch der Lenker schlägt immer heftiger, das Motorrad wird hin und her gerissen. Dann kippt das Motorrad zur Seite weg und ich stürze. Ich rutsche über den Asphalt und sehe Autos wie in Zeitlupe an mir vorbeifahren. Das Motorrad rutscht auf den Sturzbügeln wie auf Stahlkufen vor mir her und knallt gegen die Leitplanke. Irgendwann komme ich endlich zum Halten. Etwas benommen rapple ich mich wieder auf, zum Glück ist mir nichts passiert. Das Motorrad liegt nicht weit von mir, es sieht etwas lädierter aus als ich. Das Windshield ist verbogen, ein Koffer abgerissen und die Vorderradfelge verbeult. Zu diesem Zeitpunkt bin ich mir sicher, dass dies das Ende unserer Reise ist, und im Geiste sehe ich mich schon auf dem Rückflug nach Hause. Schnell halten die ersten Fahrzeuge und Menschen.

Caspar: Der dichte Verkehr beim Verlassen der Stadt macht es nicht einfach zusammenzufahren. Immer wieder drängen sich Autos zwischen Jacob und mich. Oft können wir nur nacheinander anstatt in einem Zug überholen. Ich muss mich stark auf den Verkehr vor mir konzentrieren, doch Jacobs roter Helm taucht regelmäßig im Rückspiegel auf. Wieder schieben sich ein paar Autos zwischen uns und wir verlieren den Sichtkontakt. Jetzt könnte Jacob aufschließen, doch er kommt nicht. Ich verlangsame etwas und fokussiere mich auf den Rückspiegel. Er kommt immer noch nicht. Plötzlich schießt mir durch den Kopf, dass etwas passiert sein muss. Ich ziehe sofort rüber auf den Standstreifen, doch muss erst warten, ehe ich auf der Straße wenden kann. Mit eingeschaltetem Warnblinker fahre ich auf dem Standstreifen etwa 500 Meter zurück. Jacobs Motorrad liegt auf der Straße, doch er steht schon wieder. Die ersten Autos und Menschen haben angehalten. Es geht ihm gut, doch das Motorrad sieht ziemlich mitgenommen aus.

Per Abschleppwagen geht es in die nächste Werkstatt, das bedeutet wieder zurück nach Isfahan zu fahren. Dort wird der Schlauch des Reifens gewechselt. Zusätzlich wird die Felge glatt geschliffen, das Windshield mit einem Schweißbrenner gerade gebogen und der Seitenkoffer mit einem Spanngurt fixiert. Wir entschließen uns zur Weiterfahrt, neues Ziel ist der ursprünglich als Zwischenziel geplante Margun Wasserfall. Als wir dort ankommen ist es wieder einmal tief in der Nacht. Wir legen uns bei sternenklarem Himmel in die Biwaksäcke und schlafen im Rauschen des Wasserfalls ein. Jacob denkt noch eine Weile über diesen frustrierenden Tag nach. Vielleicht geht es darum immer wieder aufzustehen.

8. Juli 2015 – Wir werden früh von der Sonne geweckt. Nachdem wir unser Lager abbauen, laufen wir ein kleines Stück entlang des Flusses zum Fuß des Wasserfalls. Erst dort realisieren wir, welches Naturspektakel sich uns bietet. Der Margun Wasserfall schießt auf einer Breite von 100 Metern und einer Höhe von bis zu 70 Metern direkt aus einer Felswand, er ist die Quelle des gleichnamigen Flusses. Um uns herum erheben sich dichte grüne Wälder, bemooste Felsen und steile Hänge. Der Fluss staut

sich immer wieder zu natürlichen Becken auf, an denen Iraner zelten und frühstücken. Wir stecken die Köpfe unter einen Zweig des Wasserfalls, ehe wir uns auf den Weg nach Schiras begeben. Die Straße windet sich durch die braunen karstigen Ausläufer des Zagros Gebirge, welche immer wieder durch grüne Täler unterbrochen werden. Wir erreichen Schiras am frühen Nachmittag und finden ein schönes, kleines Hotel. Das Parhami Traditional House ist ein etwa 200 Jahre altes, gefühlvoll wieder aufgebautes Haus. Unser Zimmer blickt durch ein buntes Mosaikfenster auf den im Innenhof liegenden Springbrunnen. Im Schatten zweier Orangenbäume verbringen wir dort den restlichen Tag. Wasserfall und Hotel lassen die gestrigen Ärgernisse schnell vergessen. Abends trifft sich eine Runde Einheimischer auf der Dachterrasse, natürlich nicht ohne die zwei Deutschen auf ihren Motorrädern einzuladen.

9. Juli 2015 – Schiras ist besonders für seine Gärten bekannt und so machen wir uns auf, diese zu besichtigen. Vorher werfen wir einen kurzen Blick in die Nasir Al Molk Moschee, die zu Zeiten der Kadschar-Dynastie erbaut wurde. Der Hauptraum ist durchflutet vom Licht der bunten Mosaikfenster. Der Gebetsraum wird von zehn massiven Steinsäulen durchzogen, welche das Dach in ebenso bunte Kuppeln unterteilen. Von dort ist die Gartenanlage Bagh-e Narandschestan fußläufig, an dessen Front ein typisch im Spiegelmosaik gehaltener Palast steht. Die Anlage wurde Ende des 19. Jahrhunderts als Herrschaftsresidenz der Kadschar-Dynastie erbaut. Zuletzt besichtigen wir den Afif-Abad Garten, in

dessen Mitte sich ein prächtiges Haupthaus ebenfalls im Stil der Kadscharen befindet. Reza Schah nutzte diese Anlage gelegentlich als Residenz. Neben mehreren Wohnzimmern sind auch zwei Spielsalons zu sehen, die Einrichtung erinnert stark an die Saadabad-Palastanlage in Teheran. Abends nehmen wir die Gelegenheit war, einen Friseur aufzusuchen, sodass die Luft unter dem Helm wieder zirkulieren kann!

Zurück in den Norden

10. Juli 2015 – Heute lassen wir mit Schiras den südlichsten Punkt unserer Reise hinter uns. Tagesziel ist das zirka 450 Kilometer entfernte, nordöstlich gelegene Yazd. Die Straßen sind noch leer und bald erreichen wir Persepolis, die Stadt der Perser. Gegründet vor über 2.500 Jahren von Dareios I, wurde die monumentale Palaststadt zu einer der Hauptstädte des antiken Perserreichs. Wir treten ein durch das Tor aller Länder, ein von Xerxes erbautes Eingangsportal, welches sich hoch in den Himmel erstreckt. Flankiert von zwei geflügelten Stieren mit bärtigen Männerköpfen lässt es die Bedeutung und Pracht der Stadt gut erahnen. Der am besten erhaltene Palast ist der Dareios Palast. Riesige Tür- und Fensterrahmen stehen heute noch und ihre filigranen Reliefs sind gut erkennbar. Die massive Bauweise und schiere Größe der gesamten Anlage sind zutiefst beeindruckend. Alexander der Große jedoch ließ die Stadt im Zuge der Eroberung Persiens brandschatzen und plündern. Noch heute identifizieren sich viele Iraner mit Persepolis, obwohl oder gerade weil die Stadt nicht islamischen Ursprungs ist. Wir schwingen uns wieder auf die Motorräder und heizen auf einsamen Straßen durch felsige Steppen. Irgendwann sehen wir am Wegesrand zum ersten Mal im Iran ein tagsüber geöffnetes Restaurant. Es sind kaum Gäste da, doch auf dem Grill brutzeln ein paar Fleischspieße. Genau das Richtige, denken wir, und treten ein. Uns empfängt Pink Floyd mit „Another brick in the wall". Auf die Staubfahnen der gelegentlich vorbeiziehenden Laster blickend

fühlen wir uns wie Fonda und Hopper, zwei Easy Rider im Mittleren Osten. „We don't need no thought control" sind Gedanken, die sicherlich auch viele Iraner teilen. Einige Pink Floyd Lieder später geht es weiter durch die Steppe. Wir erreichen das Shir Kuh Gebirge und die Temperaturen werden wieder angenehmer. Die Abendsonne taucht den Himmel in ein sanftes Orange, Blau-Grau ziehen sich Hügelketten wie Schatten ihrer selbst bis tief in den Horizont. Schnell erreichen wir Yazd, eine der ältesten Städte des Iran. Gelegen zwischen den Wüsten Dascht-e Kavir und Dascht-e Lut hat sie unverkennbar den Charme einer Oasenstadt. Auf der Suche nach dem Silk Road Hotel fahren wir auf engen, überdachten Gassen durch einen geschlossenen Bazar. Dann erreichen wir eine Straße, die aussieht als wurde eine Hand voll Mauersteine in einen Sandkasten geworfen. Das Hotel ist zum Glück nicht mehr weit. Mit großem Innenhof und vielen Tür- und Fensterbögen ist es eins der typisch traditionellen Häuser in Yazd, wir scheinen die einzigen Gäste zu sein.

11. Juli 2015 – Da wir die Zeit haben, entschließen wir uns eine weitere Nacht zu bleiben und diese außergewöhnliche Stadt zu erkunden. Das Hotel liegt mitten in der Altstadt, in der wir uns zunächst verschiedene Häuser und Moscheen anschauen. Zahllose enge und verwinkelte Gassen fügen sich zu einem einzigartigen Labyrinth zusammen, welches von ebenso vielen Brücken und Bögen überdacht wird. Teilweise sind die Gassen so schmal und niedrig, dass man nur hintereinander und geduckt laufen kann. Immer wieder öffnen sich unverhofft Plätze und

Bazare. Die ganze Altstadt erinnert mit ihren Lehm- und Kuppelbauten stark an den Wüstenplaneten Tatooine aus Star Wars. Am Nachmittag besichtigen wir den Feuertempel Ateshkadeh der Zoroastrier. Obwohl der Tempel selbst erst in den 1930ern gebaut wurde, soll das in ihm brennende Feuer bereits seit über 1.500 Jahren brennen. Täglich legt ein Priester Scheite aus Aprikosen- und Mandelholz nach, um das Feuer am Leben zu erhalten. Der Zoroastrismus ist eine uralte persische Religion, in der Liebe und Licht die zentralen Bestandteile bilden. Das heilige Feuer wird als Symbol ihrer Gottheit angebetet. Der Islam verbreitete sich erst später mit den Arabern im Iran. Abends weckt ein kleines Hamam mit der Aussicht auf eine Massage unser Interesse. Tatsächlich kriegen wir aber die Abreibung unseres Lebens verpasst. Ohne eine Miene zu verziehen, verdreht und streckt uns ein kleines dickes Männlein sämtliche Gliedmaßen, während es uns einseift und abschrubbt. Gründlich gesäubert beobachten wir bei alkoholfreiem Radler-Malzbier von einer Dachterrasse, wie die Sonne am staubigen Horizont untergeht. Die Stadt strahlt eine erstaunliche Ruhe aus, während sie im tiefen Blau der Nacht versinkt. Die erleuchteten Kuppeln und Türme lassen ein Gefühl von 1001 Nacht aufkommen.

12. Juli 2015 – Knapp 1.000 Kilometer liegen zwischen uns und Mashhad, unserem letzten Anlaufpunkt im Iran. Dazwischen erstreckt sich die große Salzwüste Dascht-e Kavir. Eingebettet zwischen dem Zagros Gebirge und dem Elburs Gebirge wird jeglicher Niederschlag von dieser Hochebene abgeschirmt. Diese Wüste wollen wir in zwei

Tagesetappen durchqueren. Heutiges Ziel ist es dementsprechend so viel Strecke wie möglich zurückzulegen. Zunächst zeigt sich die Kavir Wüste von ihrer rauen Seite. Dunkelrot bis Ockergelb erstrecken sich schroffe Felsen vor uns. Dann wird die Landschaft zunehmend flacher und Sandverwehungen beginnen den kargen Boden vor uns zu bedecken. Bald erheben sich die ersten Dünen und die Temperaturen steigen unerbittlich auf 45°C Grad an. Irgendwann wird der Sand durch eine spärliche Vegetation abgelöst. Plötzlich stehen wir, noch ehe wir es richtig begreifen können, inmitten einer Herde Dromedare. Langsam schreiten sie durch den heißen Wüstensand und beäugen die bayrischen Blechpferde eher argwöhnisch. Die Landschaft bleibt unverändert, während wir der Abenddämmerung entgegenfahren. Nach ca. 550 Kilometern suchen wir uns hinter einem Hügel, fern den Blicken der Straße, einen Platz zum Schlafen. Nachdem wir unser Zelt aufgebaut haben erklimmen wir im Licht der untergehenden Sonne einige Hügel um uns ein Bild der Umgebung zu machen. Leider werden wir von einem Einheimischen bemerkt, der es sich zur Aufgabe macht uns zu suchen. Durch ein trockenes Flussbett stehlen wir uns davon, und beobachten im Schutze der Dunkelheit vom nächsten Hügel aus, wie mittlerweile drei Motorräder und ein Auto uns in der Wüste suchen. Die iranische Gastfreundschaft hätte es diesen Leuten verboten uns in der Wüste zelten zu lassen, und so geben wir uns nicht mehr zu erkennen. Die Nacht bricht schnell herein und bringt einen klaren Sternenhimmel zum Vorschein. Abseits jeglicher Lichtquellen zieht sich die Milchstraße wie ein hell leuchtendes Band über uns und uns gelingen ein paar gute Fotos. Leider wird es entgegen der allgemeinen Auffassung, zumindest in diesem Teil der Wüste, nachts nicht wesentlich kühler. So dösen wir bei konstanten 30°C Grad langsam ein. Der zunehmende Wind rüttelt am Zelt und lässt uns einige Male hochschrecken.

13. Juli 2015 – Die Sonne weckt uns früh auf und wir packen das Zelt zusammen, ehe die Temperaturen wieder ansteigen. Zwei Energiekekse ersetzen das Frühstück und Zähneputzen erfüllt das Soll an Hygiene. Als wir die Motorräder beladen, bemerken wir über uns auf dem Hügel eine Gestalt mit Motorrad, die uns still beobachtet. Ob es einer der Personen ist, die uns in der gestrigen Nacht gesucht haben, werden wir wohl nie erfahren, denn zügig fahren wir los. Die Fahrt geht unentwegt weiter durch karges Wüstengebiet. An einer Polizeikontrolle werden wir aus reiner Neugier an den Motorrädern herausgezogen und kontrolliert. Während die Polizisten uns immer wieder versichern, froh zu sein uns zu treffen, bleibt uns nichts anderes übrig als abzuwarten. Bei Kashmar verlassen wir die Hauptroute und folgen einer kurvigen Straße, die uns über eine kleine Bergkette führt. Hinter dieser erstreckt sich eine grüne Ebene. Wir folgen der Ebene und durchqueren so mehrere Dörfer. Dann ist es nicht mehr weit bis nach Mashhad. Dort kommen wir bei Herr Teymourtash unter, Vater eines Kölner Freundes, der sich rührend um uns kümmert. Es tut gut, zwischendurch mal wieder in einem richtigen Familienhaushalt unterzukommen, in dem man sich

weder Gedanken um die nächste Mahlzeit noch um die nächste Waschmaschine machen muss. So finden wir Zeit uns neu zu organisieren. Herr Teymourtash ist eine der beeindruckendsten und zugleich bescheidensten Persönlichkeiten die wir während unserer gesamten Reise kennen lernen dürfen. Als hoher Beamter des Iran besuchte er viele Länder, unter anderem Nordkorea unter Kim Il Sung. Staunend hören wir seinen Geschichten zu und schauen uns Bilder und Medaillen an. Abends nimmt uns sein Neffe Navid mit und zeigt uns die Stadt. Torghabe, direkt vor der Stadtgrenze Mashhads, ist ein beliebter Ort voll traditionaler Restaurants, wir probieren allerlei lokale Spezialitäten.

14. Juli 2015 – Wir stehen früh auf, um das Visa für Turkmenistan im turkmenischen Konsulat abzuholen. Obwohl die angegebene Bearbeitungszeit schon lange verstrichen ist, sind die Visa leider noch nicht fertig. Herr Teymourtash nimmt uns mit und zeigt uns den Heiligen Schrein des Imam Reza, einer Pilgerstädte für Muslime aus der ganzen Welt. Imam Reza ist der achte der zwölf Imame, gerade bei Wünschen und Hoffnungen wenden sich Muslime im Gebet an ihn. Beeindruckende Plätze und Bauten umgeben den Schrein und bilden einen Komplex, der stellvertretend für die Geschichte der iranisch-islamischen Kunst und Bevölkerung steht. Aufwendige Mosaike und Verzierungen aus Gold und Silber lassen keinen Zweifel an der Bedeutung dieses Platzes in der heiligsten aller iranischen Städte. Von dort ist es nicht weit zum Basar, der ähnlich groß und gut besucht ist wie die Basare der anderen iranischen Städte. Abends

treffen wir wieder Navid und seine Familie. Wir fahren auf einen Berg in der Nähe Torghabes, von wo aus wir einen Blick über die gesamte Stadt bei Nacht haben.

15. Juli 2015 – Wieder stehen wir früh auf, um das Visa für Turkmenistan abzuholen. Dieses Mal sind wir erfolgreich und bekommen das Transitvisa für fünf Tage ausgestellt. Wir können uns des Eindrucks nicht erwehren, dass Herr Teymourtash etwas nachgeholfen hat. Das Visa ist ab heute gültig und so beginnt die Uhr zu ticken, doch das sollten wir erst später feststellen. Vormittags zeigt uns Herr Teymourtash den Stadtpark am steinernen Berg. Typisch für iranische Gärten ist sowohl der Park als auch der Berg mit Wasserläufen und -spielen durchzogen, ein wohltuender Kontrast zum lauten Stadtverkehr. Mit einem letzten Mittagessen stellt Herr Teymourtash nochmals seine Kochkunst unter Beweis. Dann wird es Zeit unsere Sachen zu packen und sowohl ihm als auch dem Iran Lebewohl zu sagen. Rückblickend auf knapp drei Wochen Iran sind wir tief beeindruckt von dem vielfältigen Land, seiner bedeutenden Kultur und seinen stets gastfreundlichen und hilfsbereiten Menschen. Wir haben ein Land kennengelernt, das sich gerade im Umbruch befindet. Die iranische Jugend steht dem Westen offen und interessiert gegenüber und identifiziert sich immer weniger mit ihrer Religion, welche wir als weitaus friedlicher kennengelernt haben als aktuelle westliche Medienberichte es vermuten lassen. Die Einigung im Atomkonflikt ist sicherlich ein wichtiger Schritt für den Iran heraus aus seiner Isolation. Die Chance auf

Erleichterung der wirtschaftlichen Situation des Landes haben hier viele Menschen begeistert aufgenommen. Mit vielen positiven Eindrücken fahren wir nun Richtung Zentralasien. Der Weg zur turkmenischen Grenze führt uns durch das Kopet Dag Gebirge. Die Hügel werden höher und die Felsen schroffer. Dort angekommen stehen wir vor einer verschlossenen Grenze. Zollbeamte teilen uns freundlich mit, dass die Grenze erst am nächsten Morgen wieder öffnet. Uns bleibt also nichts anderes übrig, als im Garten der iranischen Zollbehörde mit Blick auf Turkmenistan zu zelten. Abends nehmen uns die Zollbeamten netterweise mit zum Beeren pflücken und wir unterhalten uns ein wenig. Wir dürfen unsere Wasservorräte bei ihnen auffüllen. Hätten sie uns mehr geben können, sie hätten es wohl getan.

11. Juni 2015, Albanien

Die urbanen Gebiete liegen hinter uns, vor uns das albanische
Hinterland im Licht der Abenddämmerung.

22. Juni 2015, Türkei

Nach drei Tagesetappen entlang des Schwarzen Meəres erreichen wir
das Kizirmilak Delta auf Schotterstraßen.

5. Juli 2015, Iran

Wir lassen Teheran hinter uns und fahren in den Süden. Die Berge
bieten eine kühle Abwechslung zu der sonst so heißen Steppe.

12. Juli 2015, Iran

Auf dem Weg in den Norden durchkreuzen wir die Salzwüste Dasht-e Kavir bei Temperaturen von bis zu 45°C Grad.

6. Juli 2015, Iran

Isfahan ist eine der schönsten Städte der Reise. Die 33 Bögen der Si-o-se Brücke strahlen eine unglaubliche Atmosphäre aus.

11. Juli 2015, Iran

Fast schon unwirklich erscheint die Ruhe, die sich bei Abend über Yazd legt, unterbrochen nur vom sonoren Gesang des Muezzin.

12. Juli 2015, Iran

Nach einer anstrengenden Tagesetappe verlassen wir die Hauptroute
und bauen unser Zelt mitten in der Dasht-e Kavir auf.

12. Juli 2015, Iran

Fernab jeglicher Zivilisation zeigt sich ein unglaublich klarer
Sternenhimmel, der die Milchstraße zum Vorschein bringt.

17. Juli 2015, Turkmenistan

Mitten in der Karakum Wüste öffnet sich das Tor zur Hölle. Der
Lichtschein ist über Kilometer hinweg im Nachthimmel zu sehen.

17. Juli 2015, Turkmenistan

Drei Schweden sind mit ihrem Mitsubishi Pajero zur rechten Zeit am rechten Ort und nehmen uns die letzten Kilometer mit.

18. Juli 2015, Usbekistan

Angekommen in Khiva herrscht große Erleichterung über die gegenseitige Road Company auf dem Ritt durch die Wüste.

19. Juli 2015, Usbekistan

Mit ihrer orientalischen Architektur bleibt uns Khiva als schönste Stadt Usbekistans in Erinnerung.

25. Juli 2015, Kirgistan

Nirgendwo treffen wir so viele Motorradreisende wie in Osch. Hinter jedem einzelnen liegt eine beeindruckende Geschichte.

25. Juli 2015, Kirgistan

Im Gästehaus können wir eine der traditionellen Jurten beziehen. Der Rauchabzug lässt sich auch auf der kirgisischen Flagge finden.

30. Juli 2015, Kasachstan

Mit Spaghetti im Bauch und dem leisen Rauschen der Wellen im Ohr ruhen wir uns zwischen zwei langen Tagesetappen aus.

30. Juli 2015, Kasachstan

Wir hätten nicht besser schlafen können, als in unseren Biwaksäcken auf dem natürlichen Sandstrand am Balchaschsee.

23. August 2015, Deutschland

Überglücklich, wieder deutschen Boden unter uns zu haben, fahren wir als erstes zum Brandenburger Tor.

24. August 2015, Deutschland

Zwei müde Reisende - gekennzeichnet von den letzten Wochen und
Monaten kommen wir in Berlin langsam wieder zu Kräften.

Konvoi durch Turkmenistan

16. Juli 2015 – Neben ein paar Lastwagen, die sich nachts eingefunden haben, sind wir die ersten und einzigen Touristen an der Grenze. Dies beschleunigt die Ein- und Ausreise jedoch leider nicht. Es scheint, als müsste an jeder Station der Beamte extra für uns geweckt werden. Nach über drei Stunden sind wir acht Stempel pro Nase reicher und können endlich in den südlichsten Punkt der ehemaligen Sowjetunion einreisen. Ein gigantisches weißes Marmortor mitten im Nirgendwo heißt uns in Turkmenistan Willkommen. Bis zur Hauptstadt Ashgabat ist es nicht mehr weit. Dort öffnet sich uns der in weißem Marmor wahrgewordene Traum eines jeden Diktators. Unglaubliche Prachtbauten und Paläste reihen sich aneinander, Prunk und Polizei an jeder Ecke. Nach dem Zerfall der Sowjetunion ließ sich Nyyazow, Vorsitzender der kommunistischen Partei, erst zum Präsidenten auf Lebenszeit ernennen, später dann als Prophet ausrufen. Ähnlich größenwahnsinnig sind die entstandenen Regierungs- und Repräsentationsgebäude. Seit dem Tod von Nyyazow 2006 führt Berdimuhamedow Turkmenistan auf ähnlichem Kurs weiter. Die Stadt zeigt sich als komplettes Gegenteil von Teheran, die riesigen Straßen sind menschenleer und kaum befahren. Es gibt keine Hostels oder Gästehäuser, dafür luxuriöse 5-Sterne Hotels in einer unglaublichen Dichte. Wir beißen in den sauren Apfel und checken im Nissa Hotel ein. Sofort fläzen wir uns an den Pool. Dort lernen wir Graham kennen, einen englischen Expat, der seit mehreren Jahren in Turkmenistan lebt

und arbeitet. Als begeisterter Motorradfahrer ist er fasziniert von unserer Reise und lädt uns Abends in den British Pub ein. Dort wartet bereits Tom auf uns, ebenfalls englischer Expat und dazu erbitterter Zyniker. Die zwei sind beste Beispiele des britischen Humors. Die Ausgangssperre ab 23:00 Uhr lässt das Bier schnell fließen und wir erleben einen großartigen Abend mit diesen zwei feinen Kerlen.

17. Juli 2015 – Oh weh, der Kater ist groß. Drei Wochen alkoholische Abstinenz im Iran machen sich bemerkbar. Gerädert schleppen wir uns zum Pool und hoffen auf Besserung. Irgendwann schaffen wir es doch noch aufzubrechen. Das weiße Stadtzentrum aus Marmor ist umringt von einem Gürtel sowjetischer Betonbauten. Beim verlassen der Stadt zeigt sich schnell, dass Turkmenistan, das heißeste Land Zentralasiens, zu 95 Prozent aus Wüste besteht. Die Karakum Wüste beginnt direkt hinter Ashgabat und zieht sich bis kurz vor Usbekistan. Der Sand fegt über die Straßen und bleibt dort in Verwehungen liegen. Die Temperaturen steigen auf 43°C Grad an und Dromedare kreuzen öfters die Straßen. Nach zirka 250 Kilometern erreichen wir Derweze, ehemals eine Siedlung, mittlerweile der Einstieg zum Tor zur Hölle. 1971 stießen hier sowjetische Wissenschaftler bei Ölbohrungen auf eine große Gasblase. Die Höhle stürzte unter dem Gewicht der Gerätschaften ein und hinterließ einen Krater von 50 Meter Tiefe und 70 Meter Breite. Das ausströmende Erdgas wurde damals zum Schutz der umliegenden Dörfer angesteckt und brennt heute noch. Caspar hat sich die Lage des Kraters intensiv auf Satellitenbildern angeschaut. Der

einzige Zugang scheint über eine etwa acht Kilometer lange Sandpiste zu erfolgen, welche im 45° Winkel von der Hauptroute abzweigt. Kurz hinter Derweze finden wir tatsächlich den Einstieg und folgen der Piste zuversichtlich. An der ersten Düne schlägt die Zuversicht jedoch schnell in Verzweiflung um. Die Maschinen sind zu schwer für den Aufstieg, sie graben sich immer wieder mit dem Hinterrad in den Sand ein. Nur unter großer Anstrengung können wir sie befreien und auf festeren Untergrund bewegen. Nicht wissend, wie viele Dünen uns auf den nächsten Kilometern begegnen werden, entschließen wir uns zur Umkehr. Stattdessen folgen wir der Hauptroute bis wir die Höhe des Kraters erreichen. Von hier sind es etwa vier Kilometer Luftlinie, doch das Gelände ist viel zu unwegsam. Einmal mehr drehen wir um und halten an einer Gaststätte in der Nähe des eigentlichen Abzweigs. Wir müssen die Situation erst einmal sacken lassen. Die erbarmungslose Hitze und die Manöver im Sand zehren an unseren Kräften. Schweißgebadet sitzen wir an einer Hauswand gelehnt, versuchen in Wasser aufzuholen was wir in Schweiß verlieren. Die Einheimischen schauen uns ungläubig an, unsere Strapazen sind ihr Alltag. Wir planen bereits zu Fuß zu gehen, als am Horizont ein alter Mitsubishi Pajero auftaucht. Drei Schweden, die wir bereits in der turkmenischen Botschaft in Teheran getroffen haben, kommen angerattert. Mattias, Magnus und Simon bieten uns sofort an uns mitzunehmen. Wir lassen die Motorräder und alles unnötige Gepäck in der Gaststätte zurück. Der Pajero erklimmt die Dünen mühelos und bald öffnet sich der Krater vor uns. Die

Flammen lodern meterhoch, eine unglaubliche Hitze schlägt uns entgegen. Jeder Windstoß zwingt uns zurückzuweichen. Wir schlagen in sicherer Entfernung unsere Zelte auf und klettern bei Dämmerung auf einen Hügel, von wo aus wir die Szenerie überblicken können. Bei Einbruch der Dunkelheit erreicht das Spektakel seinen Höhepunkt. Der Lichtschein des Kraters taucht den Nachthimmel in ein tiefes Orange und lässt die umliegenden Dünen Schatten werfen. Das einzige Geräusch ist das Rauschen des Feuers. Die Hitze lockt riesige Spinnen an, die man durch den Sand krabbeln hört. Lange sitzen wir fünf auf dem Hügel und schauen gebannt in die Flammen. Dann steigen wir in den Jeep und fahren hinaus in die Wüste, um uns das Spektakel aus der Ferne anzuschauen. Im schwachen Licht der Autoscheinwerfer suchen wir uns den Weg durch die Dünen und rumpeln über den weichen Sand. Angst sich zu verirren hat niemand; auch nach Kilometern leuchtet der Feuerschein hell aus dem Krater und zeigt uns den Weg so sicher wie ein Leuchtturm. Irgendwann fahren wir wieder zurück und kriechen in die Zelte.

18. Juli 2015 – Früh weckt uns die Sonne und wir packen schnell unsere Zelte zusammen. Da die Schweden wie wir nach Usbekistan fahren wollen, kämpfen wir uns im Konvoi durch die Wüste. Erstaunlicherweise bleibt es mit 30°C relativ kühl. Es liegt soviel Staub und Sand in der Luft, dass sich der Himmel verdunkelt und die Sonne verdeckt wird. Die Straßen werden immer schlechter, tiefe Schlaglöcher übersehen die Wellblechpiste, aufgeplatzter Asphalt

weicht zunehmend Sand und Schotter. Tiefe Löcher klaffen in den Brücken, teilweise fehlen ganze Spuren. Es ist ein brutaler Ritt durch die Wüste. Pajero und Motorräder leiden gleichermaßen. Bei unseren Motorrädern rappeln sich Schrauben lose und Plastikabdeckungen brechen unter der Belastung ab. Der Pajero verliert einen Seitenspiegel und die Fensterhalterung gibt nach. Der Dachkoffer reißt sich mehrere Male los, ebenso wie die Verkleidungen im Radkasten. Mit viel Panzerband und Kabelbinder geht es immer wieder weiter. Richtung Usbekistan wird die Landschaft merklich grüner, zwischendurch fängt es sogar an zu tröpfeln. Wir steuern den in unseren Visa vermerkten Grenzübergang Kunya-Urgench an. Dieser ist jedoch geschlossen, und so fahren wir weitere zwei Stunden ostwärts über mühsame Pisten zum nächsten Grenzübergang. Wir werden etwas unruhig, da die Grenze um 17:00 Uhr schließt und wir keine Lust haben ein weiteres Mal die Nacht im Zelt vor der Grenze zu verbringen. Doch dann erreichen wir zum Glück die Grenzstation Dasoguz. Auf turkmenischer Seite werden Motorräder und Pajero gründlich nach geschmuggelten Teppichen durchsucht. Nach über drei Stunden dürfen wir endlich in Usbekistan einreisen. Die Landschaft ist deutlich grüner als in Turkmenistan, und wir haben das Gefühl wirklich in Zentralasien angekommen zu sein. Abends erreichen wir Khiva und finden nahe der Altstadt ein freundliches Gästehaus. Mit einem kühlen Bier auf den heutigen Tag zurückblickend sind wir alle froh über die gegenseitige Road Company.

Seidenstraße Usbekistan

19. Juli 2015 – Der wilde Ritt durch Turkmenistan lässt uns erst einmal lange schlafen. Nach einem ausgiebigen Frühstück trennen sich dann die Wege der Road Compagnons. Während die drei Schweden Richtung Bukhara aufbrechen, geben wir uns und den Maschinen noch einen Tag Pause. Nachdem wir bereits mit Isfahan, Mashhad und Ashgabat Orte der Seidenstraße besucht haben, ist Khiva der nächste größere Anlaufpunkt der ehemaligen Handelswege zwischen Indien und Europa. Die historische Altstadt, genannt Itchan-Kala, gehört mittlerweile zum UNESCO Weltkulturerbe. Die breite Stadtmauer mit ihren runden Zinnen, die mächtigen Eingangstore und die verschiedenen Bauten im orientalischen Stil strahlen nach wie vor die Bedeutung als Oasenstadt auf der Seidenstraße aus. Zum großen Teil aus Lehm gebaut und mit Fliesen in Türkis und Blau verziert erinnert sie stark an die Altstadt von Yazd. Durch die Gassen schlendernd verbringen wir hier den Nachmittag. Vom Kunya Ark Palast zieht es uns auf den Wachturm und schließlich auf die Stadtmauer. Auffallend ist, dass wir ab Turkmenistan keinen Muezzin mehr hören. Zurück im Gästehaus wenden wir uns den Motorrädern zu. Fehlende Schrauben werden auf dem Basar ersetzt, Plastikteile geflickt sowie die Kette gründlich gereinigt und geölt. Der Abend verläuft angesichts der morgigen Etappe ruhig.

20. Juli 2015 – Wieder ist das Frühstück besonders gut, es gibt zahllose kleine Töpfe gefüllt mit Joghurt, Honig, Früchten, Eiern und Reis. Gestärkt machen wir

uns auf den Weg entlang der Seidenstraße. Durch den langen Aufenthalt im Iran und diversen Reparaturen an den Motorrädern gehen uns langsam die US Dollar aus, und so machen wir noch einen Zwischenstopp im zirka 35 Kilometer entfernten Urgench. Dort steht im Khorezm Palace Hotel der einzige Geldautomat in der Gegend an dem man Dollar ziehen kann. Als wir ankommen ist der Automat natürlich defekt. Zum Glück dauert es nicht lange bis ein Mitarbeiter ihn wieder instand setzt und nach mehreren Anläufen spuckt der Automat tatsächlich ein paar grüne Scheine aus. Da sich Regen abzeichnet entscheiden wir uns der Autobahn nach Bukhara zu folgen, um rutschige Lehm- und Sandpisten zu vermeiden. Diese führt uns parallel der turkmenischen Grenze Richtung Südosten. Wir verlassen die durch den Amudarya gespeisten grünen Oasen Choresmiens und bewegen uns in das Gebiet der Kysylkum Wüste. Die ersten 200 Kilometer sind erstaunlich gut ausgebaut. Dann jedoch hört die neugebaute Straße abrupt auf und wir fahren weiter auf altbekannten Wellblechpisten. Der Wind wird immer stärker und ein dichter Sandschleier fegt über die Straße. Sandverwehungen bedecken öfters ganze Spuren. Bald knirschen die Zähne und die Helmvisiere quietschen. Die durch Lastwagen aufgewirbelten Staubfahnen nehmen uns immer wieder die Sicht. Am späten Nachmittag erreichen wir Bukhara und finden ein Hostel in der Nähe der Altstadt.

21. Juli 2015 – Am nächsten Morgen erkunden wir die Altstadt. Bukhara ist ebenfalls Posten auf der Seidenstraße gewesen und so lassen sich Gebäude

eines ähnlichen Stils und Alters wie in Khiva finden. Die Altstadt ist jedoch weit verzweigt und mehr auf Tourismus ausgerichtet. Bukhara ist deutlich größer als Khiva. Halbherzig laufen wir durch die von Händlern gesäumten Straßen, die alle Geld wechseln oder Souvenirs verkaufen wollen. Trotz schöner Moschee und einiger Kuppelbauten kommt nicht das Gefühl einer einst prächtigen Oasenstadt auf. Khiva hat uns deutlich besser gefallen. Usbekistan ist viel touristischer als wir es erwartet hatten, und so treffen wir auch wieder auf Motorradreisende. Zurück im Hostel kommt gerade Zeki aus der Türkei auf seiner Yamaha Tenere an. Zunächst scheint er etwas desinteressiert und kurz angebunden zu sein. Dies ändert sich jedoch schlagartig, als ihm klar wird, dass er sich gerade neben unsere BMWs gestellt hat. Er zieht sich die Handschuhe aus, begrüßt uns ein zweites mal umso herzlicher und schlägt vor, zusammen Essen zu gehen. Auch das ist die Motorradgemeinschaft, eng und eingeschworen und von außen betrachtet vielleicht etwas eitel. Wir suchen einige Zeit bis wir ein lokales Restaurant finden, doch der Aufwand lohnt sich. Usbekisches Essen ist also doch mehr als Schaschlik und Fast Food. Zeki kommt gerade vom Pamir-Highway, der zweithöchsten befestigten Straße der Welt. Sie führt von Kirgistan nach Tadschikistan durch das Pamir-Gebirge, etwa 1.250 Kilometer lang und bis zu 4.665 Meter hoch. Der Name sollte uns noch länger begleiten. Bei einer Flussüberquerung hat Zeki sein Motorrad versenkt, musste es alleine wieder an Land ziehen. Von den Instrumenten bis zu den Zylindern ist alles voll Wasser gelaufen, der Alptraum eines jeden

Motorradfahrers. Zeki sollte jedoch nicht der letzte gewesen sein. Plötzlich geht das normale Licht aus, stattdessen wird eine Diskobeleuchtung hochgefahren und die Musik aufgedreht. Die Usbeken erheben sich von ihren Tischen und fangen an ausgelassen zu tanzen. Die Stimmung ist gut und der Arak fließt in Mengen, irgendwann geht es wieder zurück in das Hostel.

22. Juli – Wir frühstücken nicht allzu spät. Irgendwann kommt auch ein verkaterter Zeki herunter und setzt sich zu uns. Dann packen wir drei unsere Motorräder. Während Zeki unserer Spur nach Khiva folgt, folgen wir seiner Spur nach Samarkand. Die Fahrt von etwa 250 Kilometern ist nicht sehr spannend. Wir fahren immer noch im Süden des Landes Richtung Osten. Die Strecke führt uns durch sich weit ausdehnende Siedlungsgebiete, welche stark landwirtschaftlich geprägt sind. Wir teilen uns die Straße mit zahlreichen Eselskarren, dreirädrigen Traktoren und Fahrradfahrern, ob auf der linken oder rechten Spur scheint nicht so wichtig zu sein. Das zunächst sehr dicht erscheinende Tankstellennetz stellt sich als doch deutlich dünner heraus. Die meisten Tankstellen sind geschlossen oder verlassen, die geöffneten Tankstellen bieten zumeist nur Erdgas an. Der traurige Rest verkauft Benzin mit 80 Oktan, doch auch das schlucken unsere Maschinen zumindest bis jetzt problemlos. In Samarkand folgen wir einer Empfehlung aus Bukhara und finden ein Hostel voller Radreisender und Backpacker. Die Überraschung ist groß, als wir Ed treffen, ein Engländer der zu Internatszeiten zwei Stufen unter

uns war. Sofort brodelt die Gerüchteküche und wir lassen alte Zeiten hochleben.

23. Juli 2015 – Samarkand ist eine der ältesten Städte Zentralasiens und als Knotenpunkt der Handelswege nach China, Indien und Persien ein bedeutender Posten auf der Seidenstraße. Als ehemalige Hauptstadt unter Amir Timur blühte Samarkand nochmals unter russischer Herrschaft auf, als die Stadt an die Trans-Kaspische Eisenbahn angeschlossen wurde. Unser Hostel liegt direkt am Registan, dem mittelalterlichen Umschlags- und Handelsplatz der Stadt. Es ist ein riesiges Ensemble aus prächtigen Medressen und weitläufigen Plätzen. Türkise Kuppeln blitzen am Himmel und von innen leuchten Mosaike in Tiefblau und Gold. Danach besuchen wir Shah-i Zinda, eine Allee aufwendiger Mausoleen, die in einem Gräberhügel endet. Wir schauen uns das Mausoleum Gur-e-Amir an, in dem Timur begraben liegt. Der sowjetische Anthropologe Gerasimov öffnete 1941 die Krypta und fand laut einer Legende eine Inschrift die besagte, dass derjenige, der dieses Grab öffnet von einem noch mächtigeren Feind vernichtet wird. Am nächsten Tag griff Hitler die Sowjetunion an. Abends sitzen wir gebeugt über der ausgebreiteten Karte im Hostel und überlegen lange, wie die Fahrt weiter gehen soll. Ursprünglich war geplant das Kaspische Meer relativ küstennah zu umrunden. Doch je weiter wir kommen, desto größer wird die Lust noch ein Stück weiter zu fahren. So entschließen wir uns also auf dem Weg nach Kasachstan noch Kirgistan mitzunehmen.

74

24. Juli 2015 – Der gestrige Entschluss wird uns ein paar zusätzliche Kilometer einbringen, somit stehen wir früh auf und sind bereits um 7:00 Uhr auf der Straße. Das Tagesziel ist Osch in Kirgistan, welches 600 Kilometer und einen Grenzübergang entfernt liegt. Die Straße ist gut ausgebaut und wir kommen zügig voran. Einzig die Polizeikontrollen, welche alle 40 bis 50 Kilometer auftauchen, werden mit der Zeit mühselig. Zu Beginn werden wir noch oft durchgewunken, später jedoch jedesmal herausgezogen und kontrolliert. Gegen Mittag haben wir bereits die Hälfte der Strecke hinter uns gebracht, ohne durch besonders spannende Gebiete zu fahren. Bald erreichen wir das Talas-Alatau Gebirge, hinter welchem das Ferghanatal und somit die Grenze zu Kirgistan liegt. Im Jahr 2005 kam es im Ferghanatal zu großen sozialen und politischen Unruhen. Die Situation ist heute noch stark angespannt. Wir passieren einige Militärkontrollen und Sicherheitsschleusen. In einem Tunnel zeichnen sich links und rechts Soldaten ab, die still in der Dunkelheit den Verkehrsfluss beobachten. Mit einem angespannten Gefühl erreichen wir das dicht besiedelte Tal. Der Grenzübertritt ist gewohnt mühsam auf usbekischer, jedoch erfreulich schnell auf kirgisischer Seite, da man weder Visum noch Zollerklärung benötigt. Osch liegt direkt hinter der Grenze und wir finden schnell das Gästehaus TES. Es scheint als hätten wir in ein Nest voller Abenteurer gestochen. In regelmäßigen Abständen kommen weitere Motorradfahrer dazu und so drängen sich abends KTM, Tenere, Suzuki, Africa Twin und BMW dicht aneinander.

Bergiges Kirgistan

25. Juli 2015 – Wir haben eine Jurte bezogen und schlafen so gut wie lange nicht mehr. Eine Jurte ist ein traditionales Zelt der Nomaden, welches oft aus Schafwolle gefertigt wird. Es ist so tief in der kirgisischen Kultur verwurzelt, dass der Rauchabzug sogar auf der kirgisischen Nationalflagge zu finden ist. Als der Wecker früh morgens klingelt, entscheiden wir uns noch im Halbschlaf einen Tag länger zu bleiben, da uns die gestrige Strecke noch in den Knochen steckt. Die Luftfeuchtigkeit ist hier deutlich höher als in Usbekistan, und wir fühlen uns wie im Vorgarten Chinas, bis zur Grenze sind es tatsächlich keine 200 Kilometer mehr. Den Tag verbringt jeder Motorradfahrer damit an seiner Maschine zu werkeln und es tut gut sich mit den anderen auszutauschen, Erfahrungen zu teilen und Geschichten zu erzählen. Unter ihnen sind auch Stuart und Olli, zwei Engländer auf Teneres, die uns ihre Geschichte erzählen. Sie brachen vor nicht allzu langer Zeit zum Pamir-Highway auf, mussten jedoch bald wieder umdrehen. Den Grund der Umkehr zeigen sie uns auf Film. Wir sehen die zwei vor einem breiten Fluss im Niemandsland zwischen Kirgistan und Tadschikistan stehen. Sie überlegen lange, an welcher Stelle sie ihn am besten überqueren könnten. Das Wasser ist trüb, die Strömung stark. Dann fasst Stuart einen Entschluss und hält voll auf die Fluten zu. Er schafft es bis auf eine schmale Insel und für einen kurzen Moment sieht alles gut aus. Doch er fährt direkt weiter und nimmt die zweite Flussseite in Angriff. Sein Motorrad sackt diesmal tief ab und er kann sich

nicht mehr halten. Die Strömung reißt das Motorrad um, er kann es nur mit Mühe festhalten. Olli springt sofort ins Wasser und hilft ihm, das Motorrad vor der Strömung zu wahren. Unter großer Anstrengung ziehen sie es zurück auf die Insel. Der Motor ist voll Wasser gelaufen, an eine Weiterfahrt ist nicht mehr zu denken. Beiden ist klar, dass sie diese Nacht auf der schmalen Insel verbringen werden. Sie lassen das Wasser aus den Zylindern und trocknen den Luftfilter. Doch auch am nächsten Morgen springt die Maschine nicht an. Olli muss Stuart nun abschleppen, zurück zur kirgisischen Grenze. Irgendwann auf dem Weg springt Stuarts Motorrad endlich wieder an. Jetzt sind sie hier und reihen sich gedanklich neben Zeki ein. Es sind Geschichten wie diese, die uns abends in großer Runde zusammensitzen lassen und die Gemeinschaft der Motorradfahrer so eng zusammenhält. Der Franzose Nicolas, der seit zwei Jahren auf seiner Africa Twin unterwegs ist und nur die schwierigsten aller Strecken in Angriff nimmt. Der Berliner Markus, den es im Gelände auf seiner Suzuki zerlegt hat, weil ihm die Straße zu langweilig war. Und wir zwei, die einzigen Motorradfahrer in der Runde, die die Südroute über den Iran genommen haben. Etwas wehmütig, dass wir uns aufgrund des fehlenden Tadschikistan Visums kein eigenes Bild vom Pamir-Highway machen können, geht es zurück in die Jurte. Andererseits sind gerade in diesem heißen Sommer die Flüsse noch stärker als sonst vom Schmelzwasser des Pamirs angeschwollen. Oft muss man den nächsten Morgen abwarten, wenn die Flüsse niedriger sind, ehe man sie durchqueren kann. Uns beiden ist klar, dass wir hier den Anknüpfungspunkt für eine nächste Tour gefunden haben.

26. Juli 2015 – Wieder zu Kräften gekommen sind wir bereit für die Strecke von 650 Kilometern nordöstlich nach Bischkek. Nach einem Frühstück mit den anderen Motorradfahrern setzen wir die Maschinen in Bewegung. Angesichts der langen Etappe folgen wir der Hauptstraße und sehen von Off-Road Experimenten ab. Zunächst zieht sich die Straße lange durch das Ferghanatal, Verkehr und Besiedlung sind sehr dicht. Doch schon bald baut sich das Tian Shan Gebirge wie eine massive Wand vor uns auf. In unendlichen Serpentinen zieht sich die Straße durch Steilhänge und Felsschluchten, bis wir Kirgistans größte Talsperre erreichen. Der Toktogal See erstreckt sich in sattem Türkis auf über 65 Kilometern zwischen den Felswänden, die sich faltig wie Stoffbahnen vor uns ausbreiten. Kurz hinter dem See erreichen wir den Ala-Bel Pass auf 3.184 Metern Höhe und den Ötmök Pass auf 3.330 Metern. Es kühlt stark ab und die dünne Luft macht sich durch die nachlassende Leistung der Maschinen bemerkbar. Auch wir halten für einen Kaffee gegen die Müdigkeit an. Zwischen den Pässen liegt ein grünes Hochplateau, auf welchem Kirgisen ihre Viehherden halten. Stolz reiten sie auf ihren Pferden und lassen keinen Zweifel an der Zugehörigkeit zum ehemaligen mongolischen Reich. Wir durchfahren immer wieder Siedlungen aus traditionellen Jurten, welche sich entlang kleiner Flussläufe sammeln. Auf der anderen Seite des Tian Schan Gebirges führt uns die Straße in ebenso steilen Serpentinen wieder hinunter und bald erreichen wir

Bischkek. Bischkek überzeugt uns nicht sonderlich und so quartieren wir uns nur für eine Nacht in einem Hostel am Stadtrand ein.

Geburtstag in Almaty

27. Juli 2015 – Da die heutige Etappe nicht sonderlich lange ist, brechen wir auch nicht allzu früh auf. Die Grenze nach Kasachstan liegt direkt hinter der Stadt Bischkek, sodass der Grenzübertritt zur ersten Übung des Morgens wird. Die Grenze ist mit Abstand die vollste, die wir bis jetzt erlebt haben. Massen von Menschen strömen durch die Gänge und drängen sich durch die Tore. Erstaunlicherweise ist unsere Ausreise in wenigen Minuten abgeschlossen, da wir als Touristen vorgelassen werden. Auf kasachischer Seite jedoch zieht sich die Einreise in die Länge. Keiner der zahlreichen Beamten fühlt sich für die Einreisenden verantwortlich und so bleiben die Schalter lange unbesetzt. Nach einer gefühlten Ewigkeit bewegt sich ein Beamter widerwillig zum Schalter und wir können endlich nach Kasachstan einreisen. Da es bis Almaty nicht mehr sonderlich weit ist, entschließen wir uns die Hauptroute zu verlassen und durch das Gelände zu fahren. Schnell gelangen wir über eine unbefestigte Straße durch verschiedene Dörfer an den Fuß eines Gebirgsausläufers. Dort wird der Weg deutlich anspruchsvoller. Teilweise benötigen wir mehrere Anläufe, um bei den steilen Anstiegen eine Spur mit genügend Halt zu finden. Fällt eine Maschine um, so bleibt uns nichts anderes übrig, als diese zu zweit wieder aufzustellen, die Steigung rückwärts hinunter zu rollen und von neuem Schwung zu holen. Wir durchkreuzen mehrere Bäche und morastige Passagen. Der Aufstieg kostet uns Kraft und Ausdauer, doch die Mühen machen sich in dem Moment bezahlt, wo wir die Hochebene erreichen.

Sanfte, grüne Hänge breiten sich vor uns aus, die wir mit der Freiheit der Reiseenduros spielend leicht hinter uns lassen. Gelegentlich treffen wir Hirten mit ihren Herden, ansonsten scheint die Ebene uns allein zu gehören. Ab und zu halten wir an einer Jurte, um nach der groben Richtung zu fragen. So fahren wir immer weiter entlang der grünen Kämme mit Blick auf die parallel verlaufende Bergkette. Irgendwann ist es Zeit wieder die Hauptroute aufzusuchen, welche hinter der Bergkette liegt. Das ist leichter gesagt als getan, denn der Ausläufer ist mittlerweile deutlich breiter und höher geworden. Plötzlich stoßen wir auf einen motorisierten Hirten. Wir können uns kaum verständigen, doch er bietet uns an, uns auf seiner 125er den direktesten Weg aus den Bergen zu zeigen. Wir nehmen dankend an und erleben eine brutale Talfahrt. Der Hirte lotst uns durch ein steiles Flussbett, das immer wieder von Geröll verschüttet ist. Unfähig zu bremsen, manövrieren wir unsere schweren Maschinen um große Felsen herum und durch tiefe Kiesbecken. Jede Unachtsamkeit bringt uns und die Maschinen zu Fall. An einer grünen Stelle hält er an und gibt uns zu verstehen, ihm durch die mannshohen Sträucher zu folgen. Nach einigen Metern stoßen wir auf eine kleine Quelle, die sich der Hirte mit einem Plastikrohr zu Nutzen gemacht hat. Hinter dieser zieht er einen aus einer Plastikflasche geschnitzten Becher hervor. Reihum nimmt jeder von uns einen tiefen Schluck des kühlen, frischen Wassers und wir verharren einige Minuten in Stille. Dann geht die Fahrt unentwegt weiter. Als wir unten ankommen sind wir schweißgebadet und sichtlich erschöpft. Wahrscheinlich sind wir die ersten Touristen, die zumindest diesen Ausläufer des Tian Shan Gebirges auf dem Motorrad überquert haben. Der Hirte, der uns unsere Verfassung wohl ansieht, lädt uns zu sich und seiner Familie ein und wir bekommen ein stärkendes Abendessen. Auf der Hauptstraße verfliegen die restlichen Kilometer nach Almaty schnell und dort angekommen checken wir in einem Gästehaus ein. Nach dieser Etappe kann uns gefühlt nichts mehr etwas anhaben. Es ist erstaunlich, wie schnell man sicher auf der Straße wird, und wie lange es dauert ein Gefühl für das Gelände zu entwickeln.

28. Juli 2015 – Wir schlafen etwas länger aus, um uns von den gestrigen Anstrengungen zu erholen. Zunächst geht es zur Einwanderungsbehörde, bei der man sich selbst als Tourist registrieren lassen muss. Anschließend erkunden wir Almaty. Die Straßen sind gesäumt mit Bäumen, zwischen denen immer wieder Betonbauten von unverwechselbarem sowjetischem Charme hervorlugen. Wir schauen uns die Zenkov und St. Nicholas Kathedralen an. Es ist eine schöne Abwechslung nach so einer langen Zeit wieder christliche Kirchen zu besichtigen. Während die St. Nicholas Kathedrale mit grün-türkiser Fassade und goldenen Kuppeln noch bestechen kann, weicht die Zenkov Kathedrale mit bunt karierten Kuppeln und Lichterketten schon in das Absurde. Wir verbringen den Tag damit durch die Straßen zu schlendern, und genießen die Wiederkehr der Straßencafés. Mitternachts stoßen wir bei Bier und Pizza mit Nicola, einem Dänen aus unserem Hostel, auf unseren Geburtstag an.

29. Juli 2015 – Das hätte vor einem Jahr wohl noch niemand gedacht, dass wir mit 14.000 Kilometern im Rücken unseren 25. Geburtstag in Kasachstan feiern dürfen. Wir nehmen Nicola mit und starten diesen bedeutenden Tag königlich bei Burger King. Zur Feier des Tages haben wir uns etwas ganz Besonderes ausgedacht. Wir besuchen den gleichen Spa wie einst Ewan McGregor und Charley Boorman auf ihrer Reise „Long Way Round" und lassen uns gleichermaßen verwöhnen. Wir suchen die russische Sauna auf, die mit einem von einer Stahltür verschlossenem Betonofen eher an den Kesselraum eines Dampfschiffes erinnert. Der Spaß geht los, als der Saunawart sich zwei in Wasser getränkte Sträuße aus Birkenreisig nimmt und uns auffordert, in der oberen Reihe Platz zu nehmen. Er fängt an uns mit den Zweigen abzuklopfen, welche mit jedem Schlag heißer werden. Arme und Beine, die Hitze ist kaum mehr auszuhalten, Brust und Rücken. Der Kreislauf kommt wieder in Schwung! Nach mehreren angenehmen und weniger angenehmen Saunagängen sind wir reif für ein Steakhaus, in dem wir den Abend mit einigen Gin Tonics ausklingen lassen. Vielen Dank für alle Glückwünsche, die ihren Weg nach Almaty gefunden haben!

Zwischenbericht 3

Nun haben wir Almaty, die frühere Hauptstadt Kasachstans und den östlichsten Punkt unserer Reise erreicht. Der Kilometerstand zeigt mittlerweile 14.000 Kilometer an und langsam wendet sich der Blick wieder Richtung Westen. Die -stan Länder haben uns durch ihre Vielfältigkeit unglaublich beeindruckt. Von der Wüste Turkmenistans bis zu den Bergen Kirgistans ein spannender Ritt entlang der Seidenstraße!

Großes, leeres Kasachstan

30. Juli 2015 – Die Hauptstadt Astana ist das nächstgrößere Ziel auf dem Weg durch Kasachstan. Die Strecke von etwa 1.200 Kilometern teilen wir in zwei Etappen ein, von denen die erste uns heute bis nach Balqasch am Balchaschsee führen soll. Mit Almaty lassen wir das besiedelte Gebiet relativ schnell hinter uns und tauchen in die Weite der kasachischen Steppe ein. Schnell nimmt die Landschaft wüstenähnliche Züge an. Bäume weichen kleinen Sträuchern, welche den ewigen Sand durchziehen. Mit wenigen Lastwagen teilen wir uns die Straße, die wie mit dem Lineal gezogen in Richtung Horizont verläuft. Die Steppe erstreckt sich um uns herum soweit das Auge reicht. Wir durchfahren die Gebiete der Halbwüsten Taukum, Mojynkum und Saryösek-Atyrau. Einzig und allein der Steppenwind als treuer Begleiter fegt uns den staubigen Geschmack von

Abenteuer unter die Helmvisiere. Dicht beieinander fahrend versuchen wir in dieser Monotonie die Kilometer hinter uns zu lassen. Kamele am Wegesrand schauen diesem Zweiergespann noch lange hinterher. Plötzlich verfärbt sich der Himmel Türkis-Blau und kündigt den vor uns liegenden Balchaschsee an. Diesem folgen wir eine ganze Weile, bis wir das gleichnamige Städtchen erreichen. Da das Ufer hauptsächlich industriell genutzt wird, fahren wir auf eine gegenüberliegende Halbinsel hinaus. Dort finden wir einen kleinen Strand, auf dem wir unter zwei Bäumen unser Lager aufschlagen. Wir lassen das Zelt verpackt und holen nur unsere Biwaksäcke heraus, die wir in den Sand legen. Ein kleines Lagerfeuer soll uns die Mücken vom Leib halten. Bei Spaghetti beobachten wir den Sonnenuntergang über Balqasch, während hinter uns ein großer, heller Mond aufgeht. So schlafen wir im leisen Rauschen der Wellen ein, fern ab der rauchenden Schornsteine und blinkenden Lichter der Stadt. Ein Rascheln lässt uns kurz hochschrecken, es ist ein kleiner Igel mit erstaunlich großen Ohren. Er bedient sich ein wenig an unseren Vorräten, dann trippelt er wieder in die Dunkelheit.

31. Juli 2015 – Die Sonne weckt uns zeitig auf und schnell packen wir unsere Biwaksäcke zusammen. Die Fahrt geht unentwegt weiter durch endlose Steppen, die jedoch zunehmend grüner werden. In der Hitze ziehen die schweren Lastwagen tiefe Spurrillen in den heißen Teer, sodass wir konzentriert fahren müssen, um nicht mit Vorder- oder Hinterrad hängen zu bleiben. Die Monotonie der Straße lässt uns müde

werden und so halten wir für eine zweite Frühstückspause mit Nescafe und ganz passablen Pfannkuchen an. Die letzten 150 Kilometer sind etwas nervenaufreibend, da in regelmäßigen Abständen die Fahrbahn auf Schotterwege umgeleitet wird, auf denen wir hinter Lastwagen viel Staub schlucken und wenig sehen. Gegen Nachmittag erreichen wir Astana. Nachdem wir in ein Hostel eingecheckt haben schauen wir uns die Innenstadt an. Astana ist seit 1997 Hauptstadt Kasachstans und wurde ähnlich wie Dubai innerhalb der letzten zehn Jahre hochgezogen. Eine Reihe dicht aneinander stehender Bauwerke aus Stahl und Glas formen eine sonderbare Skyline. Die moderne Innenstadt scheint dem Bankensektor gewidmet zu sein und strahlt somit abends wenig Atmosphäre und Leben aus. Baustellen und Kräne, die sich am Horizont abzeichnen, lassen die Pläne Nasarbajews für seine Hauptstadt erahnen. Was wir gesehen haben genügt uns, und so entschließen wir uns am nächsten Tag weiterzufahren.

1. August 2015 – Langsam wendet sich der Blick Richtung Russland, doch bis zum ersten Anlaufpunkt Tscheljabinsk liegt noch eine Strecke von 1.100 Kilometern vor uns. Diese teilen wir uns wieder in zwei Tagesetappen ein, für heute ist gut die Hälfte der Strecke geplant. Dem langen Vorabend im Hostel geschuldet, kommen wir später als geplant los. Wir lassen Astana schnell hinter uns und fahren wieder durch weite, leere Steppen. Es fegt ein starker Seitenwind, welcher die abwechslungslose Fahrt noch anstrengender macht. Mit jedem entgegenkommenden Lastwagen fällt das Motorrad in den

Windschatten, um gleich danach, sobald man wieder im Wind steht, zur anderen Seite auszubrechen. Ab und zu rollt ein Steppenläufer über die Straße, doch im Gegensatz zu jedem guten Western hält sich die Spannung in Grenzen. Die Siedlungen auf den 600 Kilometern lassen sich wohl an einer Hand abzählen. Bei Kusmurun biegen wir von der Hauptroute ab und steuern auf einen kleinen von Schilf umrundeten See zu. Dieser ist von einer Landzunge geteilt, auf der wir unser Lager aufschlagen. Im Schein des Lagerfeuers essen wir Bohnen mit Speck und fühlen uns wie zwei alte Cowboys in der Prärie. Die Steppenläufer sollten also doch noch Recht behalten. In der lauen, klaren Sommernacht kriechen wir wieder in die Biwaksäcke und lassen das Zelt verpackt.

2. August 2015 – Wieder weckt uns die Sonne recht früh und wir schauen, dass wir schnell auf die Straße kommen. Die Landschaft wird immer grüner und saftiger, Flüsse durchziehen die Grassteppen und Schilfgürtel verraten kleine Seen in ihrem Inneren. Irgendwann fahren wir im Schatten einiger Birken- und Kiefernwälder, die ersten Wälder seit einer gefühlten Ewigkeit. Zwischendurch halten wir wieder für einen Nescafe, der wohl genauso zur kasachischen Kultur gehört wie in Mamis Küche. Dann erreichen wir die russische Grenze. Auch hier reihen sich endlose Schlangen lokaler Fahrzeuge und Lastwagen vor den Grenztoren auf, und auch hier dürfen wir als Touristen an allen vorbeifahren. Ein- und Ausreise verlaufen auf beiden Seiten erstaunlich schnell und freundlich, und ehe wir uns versehen sind wir in

Russland, dem Land der Zaren und Bären. Geographisch und landschaftlich lassen wir Zentralasien nun hinter uns. Die letzten Kilometer nach Tscheljabinsk verfliegen schnell, doch der Himmel verdunkelt sich zusehends. Wir erreichen Tscheljabinsk mit den ersten Regentropfen und der graue Himmel lässt die Stadt noch etwas grauer erscheinen als sie sowieso schon ist. Nachdem wir in den letzten vier Tagen etwa 2.300 Kilometer zurückgelegt haben, entschließen wir uns zwei Nächte hier zu bleiben.

Straße nach Moskau

3. August 2015 – 2.300 Kilometer hinterlassen ihre Spuren. Wir bleiben lange in den Betten liegen und beginnen den Tag recht entspannt. Nachdem die letzten Tage schriftlich aufgearbeitet sind, wenden wir uns den Motorrädern zu. Jacob klebt einmal mehr den seit Usbekistan gebrochenen Reifenschutz zusammen, Caspar spannt die mittlerweile etwas schleifende Kette nach. Gegen Abend wagen wir uns doch noch in die Innenstadt und werden durchaus positiv überrascht. Wir finden ein Restaurant, welches russischen Charme und Gemütlichkeit bei einheimischer Küche vereint. Auf Borsch-Suppe folgen Kohlrouladen und Fleischtaschen. Etwas weiter in der Fußgängerzone entdecken wir eine auf einer Dachterrasse gelegene Bar. Bei Gin Tonics genießen wir den Blick auf Tscheljabinsk, dass uns deutlich westlicher als erwartet vorkommt. „Another Brick in the Wall" von Pink Floyd lässt uns aufhorchen und die Gedanken schweifen zurück in den Süden Irans, der gefühlt schon eine Ewigkeit hinter uns liegt.

4. August 2015 – Recht früh am Morgen machen wir uns auf den Weg nach Jekaterinburg, welches zirka 200 Kilometer nördlich von Tscheljabinsk im Osthang des Urals liegt. Wir fahren durch das westsibirische Tiefland und die Temperaturen fallen schnell. Schon nach wenigen Kilometern halten wir um seit langem einmal wieder alle Lüftungsschlitze unserer Motoradanzüge zu schließen. Mächtige Nadelwälder werfen ihre Schatten auf uns, der Himmel zieht sich zusammen und bald kündigen die ersten

Regentropfen den bevorstehenden Platzregen an.
Wir geben Gas, doch der Regen holt uns ein. Ziemlich
durchnässt erreichen wir Jekaterinburg und checken
in einem kleinen Hostel ein. Nach einer heißen Dusche
erkunden wir die Stadt. Jekaterinburg war zugleich
Fabrik- und Festungsstadt, von der aus die weitere
Erschließung des Urals erfolgen sollte. Aus dieser Zeit
sind viele charmante Gebäude übrig geblieben.
Gebäude gibt es allerdings auch aus den 1920ern, in
denen der Konstruktivismus die Architektur geprägt
hat, ein Euphemismus für Plattenbau. Wir besichtigen
die Kathedrale auf dem Blut, welche an der Stelle
steht, an der 1918 Tsar Nikolaus II mitsamt seiner
Familie im Keller eines Hauses von Bolschewisten
erschossen wurde. Das Haus wurde 1977 abgerissen
und an seiner Stelle diese Kathedrale gebaut. Zufällig
entdecken wir den Ratskeller, ein deutsches
Brauhaus. Weißbier, Leberkas und Apfelstrudel sind
uns nach so langer Zeit sehr willkommen. Abends
schwingen wir uns auf die Motorräder und suchen
den Treffpunkt der lokalen Bikerclubs auf. Dort
erwartet uns zunächst ein einsamer Road Captain der
Knights of Roads. Es scheint wohl etwas kalt für die
Männer in Lederkutten zu sein. Doch nachdem am
Telefon weitergegeben wird, dass hier zwei deutsche
Reisende aufgeschlagen sind, dauert es nicht lange
und ein wilder Kerl nach dem anderen donnert auf
seiner Maschine an. Wir berichten viel, unterhalten
uns über Motorräder und tauschen Geschichten
bestandener Abenteuer aus. Dann entschließen wir
uns mit einigen der Rocker weiterzuziehen und
stellen unsere Motorräder vorsichtshalber schon
einmal im Hostel unter. Kurzerhand laden wir den

Road Captain, der uns zum Hostel begleitet, noch zu einem Tee ein. Den ungläubigen Gesichtsausdruck des Hostel Besitzers, wie er in seiner Küche die zwei Deutschen Tee schlürfend mit einem russischen Rocker erspäht, wird uns wohl noch lange in Erinnerung bleiben. Wir ziehen weiter ins Frau Müller, eine wie uns versichert wird typisch russische Kneipe – trotz bayerischer Flagge an der Wand. Nach einem fröhlichen Abend geht es wieder zurück ins Hostel.

5. August 2015 – Nicht zu früh aber auch nicht zu spät begeben wir uns auf die Straße und nehmen Kurs auf Perm. Wir wollen den Ural überqueren, der auf der Höhe von Jekaterinburg eher flach, hier seine größte Breite erreicht. Es ist kühl und die Sonne scheint, einer leisen Vorahnung folgend ziehen wir jetzt schon Regenschutz und Thermoshirts unter die Anzüge an. Und tatsächlich, wir haben gerade die Stadt verlassen als uns der erste Regenschauer ereilt. Der Regen prasselt auf uns nieder und die Temperaturen fallen auf 12°C Grad ab. Leider scheinen die russischen Straßen nicht annähernd so gut auf den Regen vorbereitet zu sein wie wir. In kürzester Zeit steht das Wasser tief in den Spurrillen. Die aufspritzende Gischt der vorweg fahrenden und entgegenkommenden Fahrzeuge nimmt uns jegliche Sicht. Im Vorbeifahren erhaschen wir einen kurzen Blick auf die Europa-Asien-Säule, die in der Nähe von Perwouralsk steht und die imaginäre Linie zwischen Europa und Asien markiert. Der Regen hört ebenso schnell auf wie er begonnen hat, doch von nun an wiederholt sich dieses Schauspiel etwa jede halbe Stunde. Wir selbst bleiben

trocken, doch die Anzüge saugen sich voll mit Wasser und lassen uns den kalten Fahrtwind spüren. Ein leichter Nebel begleitet uns auf der Fahrt durch die tiefen Fichtenwälder des Urals, welche sich endlos über die flachen Berge ziehen. Die Straße verläuft in weiten Kurven streckenweise parallel zur transsibirischen Eisenbahn. Nach etwa 360 Kilometern erreichen wir durchgenässt Perm und suchen sofort die heißen Duschen eines Hostels auf.

6. August 2015 – In aller Frühe stehen wir auf und beladen unsere Motorräder. Das heutige Tagesziel ist die Stadt Kasan, welche ungefähr 690 Kilometer westlich von uns liegt. Nach einem schnellen Frühstück bei McDonalds, dem einzig schon geöffneten Café in der Gegend, machen wir uns auf den Weg. Wir verlassen die Stadt und überqueren die Kama, welche still und gemächlich unter uns fließt. Auf der Brücke weht uns ein frischer Wind entgegen, und es scheint einer dieser Morgen zu sein, die einen guten Tag verheißen. Schnell lassen wir Perm hinter uns und halten nach zirka 200 Kilometern für eine Kaffeepause an. Gerade als wir weiterfahren wollen, rollt eine baugleiche BMW auf den Parkplatz. Der Fahrer trägt zudem noch den gleichen Anzug und den gleichen Helm wie wir. Es ist Dima, ein Russe der seine Tour vor knapp einer Woche begonnen hat und nun in gleicher Richtung wie wir unterwegs ist. Das passt besser als die Faust aufs Auge, und schnell beschließen wir unsere Reise zu dritt fortzusetzen. Dima kennt außerdem eine Abkürzung, die uns etwa 100 Kilometer spart. Frohgelaunt fahren wir los und müssen unweigerlich den Eindruck eines

höchstoffiziellen BMW Rallye Teams erwecken. Die kurvige Landstraße zieht sich durch die Weiten der russischen Wälder, es ist kaum Verkehr unterwegs. Bald schon wird klar, warum uns so wenig Verkehr entgegenkommt und warum die Abkürzung nicht im GPS zu finden ist. Die Straße wird zusehends schlechter, bis sie auf einmal ganz verschwindet. Wir müssen auf Lehmpisten weiterfahren. Von fest bis schlammig und steinig bis sandig ist alles dabei. Die Maschinen schwimmen in den ausgefahrenen Spuren und holpern über den felsigen Untergrund. Zu guter Letzt überqueren wir auf einer Pontonbrücke den Fluss Vyatka. Nach etwa 40 Kilometern Off-Road-Spaß fängt wieder die befestigte Straße an. Ziemlich stolz, dass wir alle diese Strecke ohne Probleme gemeistert haben, fahren wir zügig bis nach Kasan durch. Abends finden wir einen gemütlichen Irish Pub und dösen bei Kilkenny fast weg, während wir diese Zeilen schreiben. Hier in Kasan müssen wir die Uhren zwei Stunden zurückstellen. Jetlag auf dem Motorrad, wer hätte das gedacht.

7. August 2015 – Wir beginnen den Tag mit einem späten Brunch in der Innenstadt. Von dort ist es nicht weit zur Baumana Straße, einer breiten Fußgängerzone im Herzen Kasans. In den erstaunlich schönen Häusern lassen sich Cafes, Restaurants und Geschäfte finden. Zwischen den Häusern ragt die aus roten Backsteinen erbaute Theophany Belfry Kirche hoch hinaus. Der Weg führt direkt zum Kreml von Kasan, einer der schönsten Kreml-Anlagen Russlands. Innerhalb der weißen Mauern liegt die Kul-Sharif Moschee, welche mit den spitzen Bögen recht modern

aussieht. So wie sich Kirchturm und Minarett gegenüberstehen hat man das Gefühl, dass Christentum und Islam hier friedlich koexistieren. Zuletzt schauen wir uns das Ministerium für Umwelt und Landwirtschaft an, welches in einem prachtvollen weißen Palast untergebracht ist. Ein aus Bronze gegossener Baum erstreckt sich in der Fensterfront des Eingangsportals und scheint dieses zu tragen. Zu beiden Seiten liegen opulente Flügel, welche wie das Eingangsportal mit Kuppeln abschließen. Ehe wir uns wieder auf den Weg in das Hostel begeben, legen wir nochmal eine Pause in einem Cafe in der Baumana Straße ein. Abends geht es früh ins Bett, da wir morgen zeitig aufbrechen wollen.

8. August 2015 – Heutiges Ziel und Meilenstein unserer Reise ist Moskau. Ungefähr 800 Kilometer entfernt, wird es eine unserer längsten Tagesetappen werden und dementsprechend früh machen wir uns auf den Weg. Wir lassen Kasan schnell hinter uns und legen nach 200 Kilometern eine erste Kaffeepause ein. Irgendwann schließt sich unserem Duo eine Tiger-Explorer an und so fahren wir eine Weile zu dritt weiter. An der nächsten Tankstelle ist die Freude groß, denn unser dritter Mann ist Alex, einer der Biker die wir vor einigen Tagen in Jekaterinburg kennengelernt haben. Er hat uns auf der Straße anhand der Helme und Maschinen wiedererkannt. Alex ist auch auf dem Weg nach Moskau unterwegs, und so fahren wir zu dritt gen Westen. Zunächst fahren wir noch durch die Birkenwälder der osteuropäischen Ebene. Doch je näher wir Moskau kommen, desto urbaner wird die Umgebung. Als wir

94

die nicht enden wollenden Einzugsgebiete Moskaus hinter uns lassen und das Stadtgebiet erreichen, öffnet sich uns eine pulsierende Metropole. In der Abendsonne fahren wir euphorisch entlang der mächtigen Moskwa, prächtige Bauten türmen sich zu allen Seiten auf. Motorräder knattern über die Brücken, jagen durch die Schluchten der Hochhäuser und heizen entlang der Hauptstraßen. Es kommt ein Gefühl der Freiheit auf, welches man sonst nur mit amerikanischen Road Movies assoziiert. Alex nimmt uns mit hoch zum Bikers' Nest, einem beliebten Treffpunkt der Moskauer Motorradfahrer und Aussichtspunkt über die Stadt. Wir treffen verwegene Biker und wilde Kerle. Der erstaunlichste ist ein Wildschwein-Pfeife rauchender Haudegen, vielleicht auch anders herum. Seine Maschine ist verziert mit liebevollen Krokodil-Details und am Windshield baumelt ein Baseballschläger. Doch auch diese Jungs scheinen sichtlich beeindruckt zu sein von der Reise die hinter uns liegt. Interessiert schaut man sich unsere staubigen Maschinen an und versucht anhand der Flaggenaufkleber unsere Route nachzuvollziehen. Abends treffen wir uns mit Alex in einem Pub und lassen den Abend bei Okroschka und Bier ausklingen.

Unter roten Sternen

9. August 2015 – Die Sonne steht schon hoch am klaren Himmel, als wir uns auf den Weg machen Moskau zu erkunden. Unser Hotel liegt direkt am Bolschoi-Theater im historischen Zentrum der Stadt und so ist es nur ein kurzer Fußweg zum Roten Platz. Wir laufen durch Fußgängerzonen, deren Edelboutiquen uns einen ersten Eindruck des mondänen Moskaus geben. Vor uns liegt das GUM, mit einer über 100-jährigen Geschichte Europas größtes Einkaufszentrum. Neoklassizistische Passagen mit verglasten Dächern führen an zahllosen Geschäften vorbei. Auf den von Brücken verbundenen Galerien befinden sich kleine Restaurants. Vom GUM gelangen wir direkt zum Roten Platz, der sich weitläufig vor uns öffnet. Der Blick fällt zunächst auf das gegenüberliegende Mausoleum von Lenin, hinter welchem der Kreml beginnt. Hohe Mauern aus dem 15. Jahrhundert verstecken historische Paläste und andere Gebäudekomplexe, hier sitzt die ganze Riege der russischen Regierung. Am Ende des Roten Platzes steht in all ihrer Farbenpracht die Basilius-Kathedrale, deren neun Hauptkuppeln neun einzelne Kirchen überdachen. Es ist eines der frühesten Bilder, die wir seit der Kindheit von Russland im Kopf hatten, und so können wir es nur schwer glauben, tatsächlich vor ihr zu stehen. Die Moskva ist schon in Sichtweite und so umrunden wir den Kreml von der Flussseite aus, ehe wir uns wieder auf den Weg in das Hotel machen. Abends begeben wir uns wieder auf den Roten Platz, welcher nun hell erleuchtet ist. Die Fassade des GUM ist von Lichterketten durchzogen,

und stellt wohl jede Weihnachtsbeleuchtung europäischer Metropolen in den Schatten. Die Sterne, welche die Spitzen der Ecktürme des Kremls bestücken, leuchten rot im nachtblauen Himmel. Sie könnten uns nicht deutlicher zeigen, dass wir uns hier am Gegenpol zur westlichen Welt befinden. Wir laufen eine Runde durch den Roten Oktober, ehemals Schokoladenfabrik und jetzt Kunst- und Partyviertel Moskaus, bevor wir uns wieder ins Hotel begeben.

10. August 2015 – Heute gönnen wir uns und den Motorrädern einen wohlverdienten Tag Pause. Als erstes geben wir die Motorräder bei BMW ab, wo sie gewartet werden und ihren längst überfälligen Service bekommen. Danach begeben wir uns in die Hände einer Masseuse und lassen uns Rücken, Schultern und Nacken ordentlich durchkneten. Abends nimmt uns Alex mit, Freund eines Freundes und begeisterter Enduro Fahrer, und zeigt uns Moskau bei Nacht. Nach saftigen Pfeffersteaks genießen wir in der Kalina Bar bei Moscow Mule den Blick auf den Finanzdistrikt. In den letzten Jahren erst erbaut, funkeln die modernen Hochhäuser wie Fremdkörper in der sonst so historischen Stadt.

11. August 2015 – Der Service der Motorräder ist erst gegen Nachmittag fertig, doch dafür sehen sie wieder aus wie neu. BMW hat es tatsächlich geschafft, sämtlichen Wüstenstaub und Dreck von mittlerweile 18.000 Kilometern abzuwaschen. Dementsprechend kommen wir erst spät auf die Straße, doch Tagesziel ist nach wie vor das 700 Kilometer entfernte St. Petersburg. Urbane Einzugsgebiete begleiten uns

lange. Bei dichtem Verkehr kommen wir nur langsam und mühevoll voran. Doch als wir die neu gebaute M-11 erreichen, lassen wir die Kilometer im Licht einer nicht enden wollenden Abenddämmerung schnell hinter uns. Wir befinden uns mittlerweile auf der Höhe von Stockholm und Oslo, wo die Sonne im Hochsommer fast gar nicht mehr untergeht. Spät am Abend erreichen wir St. Petersburg und schlagen somit die kulturelle Brücke nach Europa.

Zwischenbericht 4

Mit St. Petersburg haben wir den nördlichsten Punkt unserer Reise erreicht. Es liegen mittlerweile 19.000 Kilometer hinter uns und gefühlt sind wir seit Moskau schon halb zu Hause. Die Tagesetappen sind seit dem letzten Progress Report aus Almaty auf durchschnittlich 540 Kilometer angewachsen und haben uns deutlich die Weiten Kasachstans und Russlands spüren lassen. Spätestens mit Blick auf die Karte sollten auch die letzten Zweifler sehen, dass wir nun endlich wieder Kurs auf Deutschland nehmen!

Stadt der Zaren

12. August 2015 – Heute erkunden wir St. Petersburg. Als erstes fahren wir mit einem Tragflügelboot über die Newa raus auf den Finnischen Meerbusen zum Schloss Peterhof. Das Schloss wurde 1914 von Peter I errichtet und stellt heute alle anderen europäischen Paläste und Anlagen mühelos in den Schatten. Ein 400 Meter langer Kanal führt von der Ostsee über eine große Kaskade zum gelb getünchten Hauptpalast. In der Sonne glänzen und blitzen die 255 vergoldeten Bronzeskulpturen und Basreliefs, welche die siebenstufige Kaskade schmücken. In der Mitte steht eine Figur von Samson, der dem Löwen das Maul aufreißt, Symbol des Sieges bei Poltawa über die Schweden. Der ganze Park ist von kunstvollen Wasserspielen, Brunnen und Fontänen durchzogen. Im Schloss befinden sich prächtige Paradezimmer, barock bis asiatisch eingerichtet und geschmückt. Nachdem wir Park und Paläste angeschaut haben, fahren wir mit dem Schiff wieder zurück nach St. Petersburg und schauen uns den Winterpalast an. Er beherbergt heute das Ermitage, eines der berühmtesten und bedeutendsten Kunstmuseen der Welt. Der zart türkise, rechteckige Bau mit großem Innenhof gilt als einer der Prunkstücke des russischen Barocks. Nur schwer kann man sich vorstellen, wie hier am Blutsonntag 1905 hunderte Demonstranten von russischen Soldaten erschossen wurden. Abends treffen wir Liza, eine Freundin unserer Schwester Chiara, die uns St. Petersburg bei Nacht zeigt. Im Regen glänzt die ganze Stadt, in den Kanälen und Flüssen spiegeln sich Häuser und andere Bauten

wieder. Nach Stroganoff Steaks ziehen wir weiter in eine Bar. Die Nacht wird allerdings nicht allzu lang, da die Brücken von 1.30 Uhr bis 5.00 Uhr hochgezogen werden und jeder sich beeilt, möglichst vorher das letzte Taxi zu erwischen.

13. August 2015 – Wir schlafen etwas länger und packen dann unsere Sachen zusammen. Bei BMW wollen wir unsere Reifen wechseln lassen um dann wieder auf Straßenreifen durch Europa weiterzufahren. Da wir erst für den Mittag einen Termin bekommen, verläuft der Morgen entspannt und ohne Eile. Bei BMW treffen wir Pavel, den Gewinner der letztjährigen GS Trophy, der sich um unsere Maschinen kümmert. Spät nachmittags fahren wir los Richtung Baltikum. Die Grenze Estlands ist schnell erreicht, doch dort angekommen erwarten uns lange Schlangen von Autos und Lastwagen. Wie gewohnt fahren wir mit unseren Motorrädern selbstverständlich an allen Fahrzeugen vorbei und reihen uns als Touristen ganz vorne ein. Doch schnell müssen wir erkennen, dass man hier weder als Tourist, noch als Motorradfahrer etwas besonderes mehr ist. Eine alten Grenzpolizisten lässt wütend einen Schwall Russisch auf uns herab. Nach mehreren „net russkie" unsererseits, versucht man uns auf Englisch klarzumachen, dass wir wieder zurück an das Ende der Schlange fahren sollen. Nach einigen „no english" lässt man uns dann doch mürrisch durch das Grenztor fahren. In Estland angekommen sind wir froh, die letzte kontrollierte Grenze unserer Tour hinter uns gelassen zu haben. In der Abenddämmerung fahren wir nach Tallinn und haben

sofort das Gefühl Mitteleuropa erreicht zu haben. Allerdings kommt auch deutlich das Gefühl auf, das eigentliche Abenteuer nun hinter uns gelassen zu haben.

Baltikum, haut dich um

14. August 2015 – Heute schauen wir uns ein bisschen in Tallinn um. Tallinn ist eine im Frühmittelalter gegründete Stadt, welche heute noch einen mittelalterlichen Charme versprüht. Die ehemalige Stadtmauer mit ihren Eingangstoren liegt mittlerweile in der Fußgängerzone im Zentrum der Stadt. Viele alte Häuser sind erhalten geblieben und bilden kleine Gassen, die allesamt hoch zum Domberg führen. Auf dem Domberg steht die russisch-orthodoxe Alexander-Newski Kathedrale, ein Überbleibsel der früheren Zugehörigkeit zum Zarenreich. Wir finden ein Restaurant, das uns direkt ins Mittelalter katapultiert. Verkleidete Kellner servieren Bier in Tonkrügen und fürstlichen Wildbraten. Danach geht es zurück ins Hostel und früh ins Bett.

15. August 2015 – Trotz überschaubarer Strecke begeben wir uns heute früh auf den Weg nach Riga. Tallinn scheint noch zu schlafen, als wir die Stadt verlassen. Im Morgendunst führt uns eine Landstraße durch kleine Laubwälder und grüne Wiesen stetig Richtung Süden. Nach etwa 130 Kilometern machen wir eine Pause in Pärnu, einer Stadt direkt am Baltischen Meer. Hier wird zur Zeit die ORC Europameisterschaft im Segeln ausgetragen. Wir betreten das Segelgelände und setzen uns in eins der Cafés, die hier aufgebaut sind. Dann kommt uns auch schon ein wie immer breit grinsender Niko entgegen, Freund von Caspar aus St. Gallen. Er hat unsere Reise verfolgt und uns rechtzeitig abgefangen, ehe wir Estland wieder verlassen. Wir verbringen einen

gemütlichen Vormittag mitten in der Vorbereitung der nächsten Regatta. Dann bricht Niko auf um das deutsche Team zu komplettieren und auch wir setzen unsere Fahrt fort. Schnell erreichen wir die Grenze nach Lettland und fahren weiter durch Laubwälder. Zwischen den Bäumen blitzt immer wieder das baltische Meer hervor. Als wir in Riga in ein Hostel einchecken, finden wir zwei verschlafene Schweden in unserem Zimmer vor. Es sind Mattias und Simon, mit denen wir damals im Konvoi durch Turkmenistan und Usbekistan gefahren sind. Immer wieder haben wir unsere Routen verglichen und geschaut, ob sich unsere Wege nochmals kreuzen werden. Nachdem wir uns in Usbekistan trennten, sind die Jungs im Pajero weiter nach Tadschikistan gefahren. Auf dem Weg zum Pamir-Highway wurden sie jedoch durch eine verschüttete Straße aufgehalten. Wir hatten in der Zwischenzeit Kirgistan passiert und waren schon in Kasachstan, der Abstand wurde immer größer. Dann gaben die 80 Oktan des Benzins dem Pajero den Rest. Mit einem irreparablen Motorschaden mussten die Jungs den Pajero verschrotten lassen und einen Flug Richtung Heimat mit Zwischenstopp in Riga nehmen. So sehen wir uns nach ziemlich genau einem Monat wieder und feiern abends heftig unser Wiedersehen.

16. August 2015 – Erst spät kommen wir aus den Betten und machen uns auf den Weg Riga anzuschauen. Als alte Hansestadt hat Riga eine gut erhaltene Altstadt mit wunderschönen Jugendstilbauten. Die Schweden werden am nächsten Morgen nach Hause fliegen und so feiern wir abends

intensiv unseren Abschied. Nach einigen Bars und geschätzten 50 Karaoke-Liedern hätte der Abend gut zu Ende gehen können, doch leider kommt es anders. Zwei weniger gut gelaunte Kerle suchen offensichtlich eine Auseinandersetzung mit uns. Sie folgen uns von der Bar auf die Straße und werden deutlich aggressiver. Aus dem Nichts fliegt Caspar eine Faust ins Gesicht und streckt ihn nieder. Jacob schafft es zumindest einem der Jungs ein paar Andenken mitzugeben. Dann ist auch schon die Polizei da und nimmt die zwei in Gewahrsam. Im Krankenwagen geht es ins Krankenhaus, wo Caspar genäht werden muss. Nach all den fremden Ländern die hinter uns liegen, machen wir die erste negative Erfahrung hier in Europa.

17. August 2015 – Die Schweden machen sich relativ früh auf den Weg um ihren Flug nach Hause zu erwischen. Wir bleiben noch etwas länger in den Betten liegen und schlafen aus. Am späten Mittag machen wir uns auf den Weg Richtung Vilnius, der Hauptstadt Litauens. Die Grenze ist schnell erreicht. Landschaften und Siedlungen im größten der baltischen Staaten sehen etwas ärmlicher aus als in Estland und Lettland. Die Getreideernte ist mitten im Gange und wir fühlen uns Breill ganz nah. Spät nachmittgas kommen wir in Vilnius an und checken im Jamaika Hostel ein, der nette Betreiber drückt uns zur Begrüßung erst einmal ein Bier in die Hand. Nach zwei ausgiebigen Nächten in Riga geht es heute wieder früher ins Bett.

18. August 2015 – Etwas später machen wir uns auf um die Stadt zu erkunden. Gleiches Ritual wie immer, wir laufen einmal durch die Altstadt und essen etwas in einer lokal anmutenden Touristenfalle. Die Altstadt ist eine der größten Osteuropas und geprägt durch zahlreiche Kirchen und barocke Bauwerke, welche ab dem 16 Jahrhundert von italienischen Baumeistern errichtet wurden. Wir steigen einmal auf den Gediminas Turm, der einzig erhaltene Eckturm einer ehemaligen Burganlage und heutiges Wahrzeichen Vilnius. Von dort aus hat man einen Rundumblick auf die Stadt und den Fluss Vilnia, welcher die Altstadt von moderneren Komplexen und Gebäuden zu trennen scheint. Nach einer großartigen Pizza gehen wir früh ins Bett.

Seen und Alleen

19. August 2015 – Am späten Morgen packen wir die Motorräder und brechen auf. Heutiges Tagesziel ist die masurische Seenplatte im ehemaligen Ostpreußen, heute Polen. Wir suchen uns für die übersichtliche Etappe schöne Routen aus, die uns auf geschwungenen Landstraßen durch dichte Wälder und sanfte Hügel führen. Schnell erreichen wir die Grenze Polens und lassen das Baltikum hinter uns. Gegen Mittag halten wir an einer Gaststätte und kriegen die ersten Wiener Schnitzel seit wir damals mit Hänschen die Turracher Höhe in Österreich überquert haben. Zwischen den Bäumen blitzen die ersten Seen auf und kündigen uns die masurische Seenplatte an. Wir steuern Lötzen an und finden einen schönen Campingplatz mit kleinem Strand direkt am Löwentinsee. Dort wollen wir Quartier für die Nacht beziehen. Wahrscheinlich zum letzten Mal auf dieser Reise bauen wir das Zelt auf und holen den Campingkocher heraus. Wir verwöhnen uns mit Spaghetti und Tomatensoße bei Radler am Strand. Als die Nacht anbricht wird es erstaunlich kühl und wir verkriechen uns tief in die Schlafsäcke.

20. August 2015 – Früh am morgen machen wir unsere Maschinen fertig und fahren los. Über gewundene Landstraßen und durch alte Alleen schlängeln wir uns im Schatten der Birken und Eichen vorbei an wunderschönen Dörfern und Bauernhöfen. Dann erreichen wir das Führerhauptquartier. Dunkel und bedrohlich ragen die Ruinen der Wolfsschanze vor uns empor. Der geborstene, meterdicke

Stahlbeton der einzelnen Gebäude und Bunker steht oftmals in keinem Verhältnis zu dem im Inneren gebotenen Raum. Als die rote Armee immer näher rückte, sprengte die Wehrmacht selbst die meisten der Bunker, gekämpft wurde dort nie. Über die Jahrzehnte hinweg hat sich die Natur langsam das Gebiet zurückerobert, Bäume und Sträucher bewachsen Wände und Decken der Gebäude. Wir sehen auch jenen tragischen Ort, an dem am 20. Juli 1944 das von Stauffenberg geplante Attentat auf Hitler misslang. Nachdem wir uns die Anlage angeschaut haben, fahren wir weiter und erreichen am Abend Danzig.

21. August 2015 – Mit Danzig führen wir unsere Reise durch die ehemaligen Hansestädte fort. Auch hier öffnet sich uns eine wunderschöne Altstadt, die sich bis zur Martwa erhebt. Die Langgasse führt uns zwischen bunten, gut restaurierten Häusern quer durch die Altstadt. An ihrem Ende liegt der lange Markt, welcher seit dem 17. Jahrhundert besteht. Als wir die Martwa erreichen, folgen wir ihr ein Stück, um über die Frauengasse den Bogen durch die Altstadt zu schließen. Sie ist mindestens genauso schön wie die Langgasse, jedoch deutlich schmaler und ruhiger. So bleiben wir in einem der vielen Cafés hängen, die sich auf kleinen vorgesetzten Terrassen befinden, und genießen die Atmosphäre der Stadt. Am Ende der Straße steht schon die Marienkirche, deren Kirchturm aus Ziegelsteinen die Altstadt hoch überragt. Für ein paar Zloty kann man die 400 Stufen hinaufsteigen und die Stadt von oben bestaunen. Abends kehren wir

zurück in die Langgasse und finden ein nettes polnisches Restaurant.

22. Augst 2015 – Früh am morgen beladen wir unsere Motorräder und brechen auf Richtung Stettin. Wir verlassen jedoch die Ostseeküste und suchen uns schöne Strecken abseits der Hauptverkehrsrouten. So fahren wir durch die breiten und flachen Täler Pommerns. Die engen und einsamen Straßen führen uns wiederum durch dichte Wälder und entlang alter Alleen, welche über die Jahre zu grünen Tunneln zusammengewachsen sind. Mittags halten wir für Pommes und Schnitzel am Dratzigsee, dem größten See der Pommerschen Seenplatte. Mit seinen vielen Segelbooten und Anlegestellen erinnert er uns ein wenig an den Bodensee. Von dort ist es nicht mehr weit bis Stettin. Nachdem wir angekommen sind schauen wir uns die Altstadt an. Wir laufen über die Hakenterrasse, eine beeindruckende 500 Meter lange aus Sandstein gemauerte Terrasse. Mittig ist eine Plattform, flankiert von zwei Pavillons, unter welcher sich eine Springbrunnengrotte öffnet. Oberhalb der Terrasse erhebt sich das Polnische Nationalmuseum, rechts daneben das ursprüngliche Regierungsgebäude der Provinz Pommern. Abends finden wir auf dem Heumarkt ein Restaurant und beobachten von dort das Treiben in der Altstadt.

Zielgerade

23. August 2015 – Gegen Mittag brechen wir auf Richtung Berlin. Schnell erreichen wir die Grenze, die kurz hinter Stettin liegt. Mit einem Hochgefühl endlich wieder in Deutschland zu sein, jagen wir die Maschinen über die Autobahn. Als wir Berlin erreichen, fahren wir zu allererst zum Brandenburger Tor für den obligatorischen Schnappschuss. Uns ist der lange Weg bis hierhin wohl anzusehen, schnell sammeln sich Touristen um uns und fragen interessiert nach unserer Reise. Nur einer erkennt ganz richtig, dass es von Köln nach Berlin doch nicht so weit wäre. Dann fahren wir Richtung Neukölln zu unserer lieben Cousine Felicitas. Tatsächlich steht sie schon laut jubelnd auf dem Balkon, der GPS-Tracker hat uns bereits angekündigt. Nachdem die Motorräder entladen sind und die Waschmaschine läuft, verbringen wir einen entspannten Abend auf dem Tempelhofer Feld. Auf dem ehemaligen Flughafengelände befinden sich mittlerweile Biergärten und Burgerbuden, welche die hippen Berliner auf die Rollfelder ziehen.

24. August 2015 – Wir schlafen lange aus, während Fee bereits in der Uni-Bibliothek sitzt und arbeitet. Nachmittags treffen wir uns zum Mittagessen und schlendern vom Brandenburger Tor über den Reichstag bis zum Checkpoint Charly. Abends gibt es endlich wieder eine richtige Brotzeit und wir sitzen noch lange zusammen in der Küche und erzählen von den letzten drei Monaten.

25. August 2015 – Wieder schlafen wir lange aus, während Fee schon früh morgens in der Bibliothek verschwindet. Mittlerweile steht uns der Sinn gar nicht mehr nach Kultur und so verbringen wir einen faulen Tag in der Wohnung. Abends treffen wir Ferdi und Otto, zwei Freunde von Jacob aus Maastrichter Zeiten. Bei den ersten Erzählungen unserer Reise liegen Iran und Zentralasien gefühlt schon wieder in weiter Ferne.

26. August 2015 – Wir verlassen Berlin und machen uns auf den Weg ins Münsterland für einen letzten Zwischenstopp auf dieser Reise. Die größte Tagesetappe seit St. Petersburg nehmen wir auf der Autobahn in Angriff. Am späten Nachmittag erreichen wir Senden, wo Camilla und Vincenz uns in großer Runde empfangen. Der Spätsommer erlaubt es gerade noch draußen zu grillen und so verbringen wir einen gemütlichen Abend im Garten. Sogar ein Fässchen Kölsch hat den weiten Weg ins Münsterland gefunden, wir fühlen uns fast wie zu Hause.

27. August 2015 – Heute beginnt der letzte Tag unserer Reise. Der Himmel ist grau und es regnet seit dem frühen Morgen. Nach einem langen Frühstück packen wir unsere Motorräder und machen uns auf den Weg, die letzten verbleibenden Kilometer bis nach Köln hinter uns zu bringen. Der Regen nimmt zu und es wird immer kälter. Trotz Regenschutz drückt sich das Wasser irgendwann durch die Anzüge, rinnt entlang der Ärmel und Hosenbeine und füllt uns Handschuhe und Stiefel. Vor Köln geraten wir in einen Stau. Bibbernd und im Schritttempo erreichen wir

Köln. So haben wir uns unsere Rückkehr nicht vorgestellt! Nach so langer Zeit erreichen wir endlich wieder den Frohnhof, wo eine überglückliche Mami auf ihre Jungs wartet. Schnell springen wir unter die heiße Dusche. Abends gibt es mit Familie und Freunden ein Welcome-back Abendessen. Irgendwann spüren wir die Müdigkeit und Anstrengung der letzten Monate in unseren Knochen und freuen uns endlich wieder in unseren eigenen Betten schlafen zu können.

Finaler Zwischenbericht

Der Kreis hat sich geschlossen. Nach 3 Monaten, 20 Ländern und 22.000 Kilometern sind wir nun endlich wieder zu Hause. Auf insgesamt 90 Tage gesehen macht das durchschnittlich 244 Kilometer pro Tag, auf die 53 Fahrtage gesehen sogar 415 Kilometer pro Tag. Die ursprünglich geplanten 16.000 Kilometer haben wir deutlich überzogen. Wir sind nicht nur im Iran viel tiefer in den Süden, sondern auch mit Kirgistan viel weiter in den Osten gefahren als ursprünglich geplant. Dank dem Schengen-Abkommen mussten wir insgesamt nur für 4 Länder Visa beantragen. Pro Maschine haben wir 2 Sätze Reifen und etwa 1.100 Liter Benzin verfahren. Mit einer kaputten Kupplung und einem geplatzten Reifen sind wir erstaunlich gut davon gekommen. 14 Nächte haben wir im Zelt oder Biwak verbracht, deutlich weniger als gedacht. Das liegt daran, dass wir mehr Zeit in den Städten als auf dem Land verbracht haben.

Zurück bleibt eine große Dankbarkeit an Alle, die diese Reise erst zu dem gemacht haben, was sie wurde. Etliche Nachrichten von Freunden und Familie die uns mit einem so großen Interesse mitverfolgt und mitgefiebert haben. Ihr habt uns immer wieder motiviert, noch ein Stückchen weiter zu fahren und das Ziel vor Augen zu behalten. Unzählige Begegnungen mit Einheimischen, durch die wir die verschiedenen Kulturen erst richtig kennengelernt haben. Das Gefühl, dass jeder den Moment der Begegnung zu etwas Besonderem für uns machen wollte. Das riesige Interesse an uns und unserer Reise.

Die immense Gastfreundschaft und Hilfsbereitschaft, die uns gerade in den entlegensten Ecken der Reise entgegenschlug. Nicht zuletzt alle anderen Reisenden, die uns ein Stück des Weges begleitet haben und die Reise zum Abenteuer machten.

two weary travelers
Caspar & Jacob

Anhang

a. Packliste

Motorräder
BMW F800GS
Adventure, 2013

Bereifung
Scorpion Trail, Pirelli
(Straße)
Karoo 3, Metzeler
(Gelände)

Zusatzausstattung
Handprotektoren
Scheinwerferschutz
USB-Steckdose
Tankrucksack
Tankschutzbügel
Unterbodenschutz
Seitenkoffer
Gepäckbrücke
Seitenständer -
Auflagevergrößerung

**Ersatz- &
Verschleißteile**
Ölfilter
Luftfilter

Kette, Ritzel &
Kettenrad
Zündkerzen
Bremsbeläge

Instandhaltung
Werkzeugset
Kettenreiniger & -spray
Luftpumpe, manuell
Pannenspray & Flickset

Navigation
Garmin Zumo -
Navigationsgerät
Scout GPS Navigation -
iPhone App
Papierkarten -
Maßstab 1:1 Mio.

Kommunikation
Motorradfunk
Freecomm
Spot Gen3 GPS Tracker
& Messenger

Campingausrüstung
Kuppelzelt
Isomatte
Schlafsack
Biwaksack
Inlett Insektenschutz
Gaskocher & Kochset
LED-Stirnlampe
Kerzenlampe

Sonstiges
Erste-Hilfe-Set &
Medikamente
Wasseraufbereitungs-
tabletten
Energieriegel, etwa 3 kg
Camelbag, 2 l
Wasserkanister, 10 l
Spanngurte
Gummizüge
Bootsseil
Kabelbinder
Drahtrolle
Panzerband
Extremkleber
Flüssigeisen

Für die nächste Tour
Reibscheiben Kupplung
Ersatzschläuche

b.   Visa & Dokumente

Iran
Touristenvisum
Visumantrag, Vordruck
Reisepass
Passfoto
Referenznummer
Verpflichtungserklärung
Versicherung

Beantragt über
Visumagentur in
Deutschland.

Carnet de Passage
Antragsformular
Kopie Reisepass od.
Personalausweis
Kopie von Fahrzeugschein
Einzahlungsbeleg Kaution

Beantragt beim
ADAC. Wartezeit
eine Woche.

Turkmenistan
Transitvisum
Visumantrag, kein Vordruck
Kopie Reisepass
Kopie Visum Iran
Kopie Visum Usbekistan
Passfoto

Beantragt in
Teheran, Iran.
Wartezeit 10 Tage.
Abgeholt in
Maschhad, Iran.

Usbekistan
Touristenvisum
Visumantrag, Vordruck
Reisepass
Kopie Reisepass
Passfoto

Beantragt über
Visumagentur in
Deutschland.

Kirgistan
-

Visafreie Einreise
für bis zu 60 Tage.

Kasachstan
-

Visafreie Einreise
für bis zu 15 Tage.
Registrierung
innerhalb von 5
Tagen nach
Einreise bei
Migrationspolizei.

Russland
Touristenvisum
Visumantrag, Vordruck
Reisepass
Passfoto
Einkommensnachweis, mind.
1.000 €
Versicherungsbestätigung

Beantragt über
Visumagentur in
Deutschland